中国传统文化启蒙读本(一)

从“小”学文化

曹辉 编著

冶金工业出版社
Metallurgical Industry Press

内 容 提 要

本书是弘扬中国传统文化的少儿读物。全书共有三十篇短文。每篇短文都从小处着眼，从孩子身边接触到的小事、小物入手，围绕中国传统文化进行选材，旁征博引，内容涉及历史、文学、艺术、科技、中医、民间风俗等多方面。本书由北京的小学一线骨干教师执笔编写，主题贴近孩子生活，孩子们阅读后能从身边的事物中学习传统文化。短文中大量引用古诗文和成语，注重语言的积累。体裁新颖，符合小学生阅读习惯，并配有阅读延伸，可以激发孩子自主阅读的兴趣。

本书适合小学中高年级的学生及相关教师阅读，也可以为教师组织开展阅读活动提供参考。

图书在版编目（CIP）数据

从“小”学文化 / 曹辉 编著．—北京：冶金工业出版社，2016.1
（中国传统文化启蒙读本）
ISBN 978-7-5024-7176-7

Ⅰ．①从…　Ⅱ．①曹…　Ⅲ．①中华文化—小学—课外读物
Ⅳ．①G624.203

中国版本图书馆CIP数据核字（2015）第318184号

出 版 人　谭学余
地　　址　北京市东城区嵩祝院北巷39号　邮编　100009　电话　(010) 64027926
网　　址　www.cnmip.com.cn　电子信箱　yjcbs@cnmip.com.cn
责任编辑　任静波　美术编辑　吕欣童　版式设计　吕欣童　孙跃红
责任校对　卿文春　责任印制　牛晓波
ISBN 978-7-5024-7176-7
冶金工业出版社出版发行；各地新华书店经销；北京博海升彩色印刷有限公司印刷
2016年1月第1版，2016年1月第1次印刷
160mm×239mm；8.75印张；119千字；129页
29.00元

冶金工业出版社　投稿电话　(010) 64027932　投稿信箱　tougao@cnmip.com.cn
冶金工业出版社营销中心　电话　(010) 64044283　传真　(010) 64027893
冶金书店　地址　北京市东四西大街46号（100010）　电话　(010) 65289081（兼传真）
冶金工业出版社天猫旗舰店　yjgycbs.tmall.com

序

中国有着五千年悠久的历史文化，有着数百代人积淀下来的传统美德，如孝顺父母、尊老爱幼、礼貌待人、诚实守信、友善和睦、勤劳节俭等。可是随着物质生活水平的不断提高，这些美德与文化正受着西方文化的挑战与冲击。加之与教学上的“主科”相比，传统文化教育容易被教师与家长忽视，伴随传统文化的传统美德也被日益淡化，一些孩子养成饭来张口、衣来伸手、蛮横任性、自私自利、花钱大手大脚、以自我为中心等不良习惯。如此这般，今日的学生日后焉能成为国家的栋梁之材?！中国人历来是重视读书的，在商务印书馆的涵芬楼里，挂有张元济先生的一副对联：“数百年旧家无非积德，第一件好事还是读书”。读书可以明理立志、培养道德情操。孩子们要从小抓起，多读一点书，多读一点关于中国传统文化的书很有必要。

曹辉老师长期奋斗在教育一线，有着丰富的教学经验，了解孩子们的所学、所需，知道孩子们的阅读水平及兴趣所在。更为可贵的是，她把弘扬中国传统文化作为自己的重要使命，将传统文化渗透在语文教学的方方面面，在三尺讲台上，为培养有中国文化底蕴的一代新人而不断耕耘着。这种让民族文化薪火相传的初衷让吾辈倍感欣慰。

曹辉老师的这套《中国传统文化启蒙读本》，从孩子的视角出发，对其生活中喜闻乐见的主题挖掘文化内涵，帮助学生积淀中国传统文化常识，积累古诗文，从而有助于增强学生对语言的理解与表达。孩子们在阅读此书的同时还会强烈地感受到中国传统文化的特有魅力，从而爱上祖国的文化，为自己是中国人而自豪。

不精通自己的，如何吸纳外来的？不晓过去，焉知未来？只有充分了解本国的传统文化，长大以后才能以开放的心态吸纳外来文化的精髓，具有全球化视野和尊重文化多样性的胸怀，这是新时代对未来人才的要求。

俗话说：越是民族的，越是世界的。我相信，通过对本套书的阅读，孩子们不但能丰富自己的文化底蕴，加深对祖国传统文化的认同，还能在自主阅读、自主探究中更多学习到做人的道理，对提升自己的道德水平亦大有裨益。希望国人都来关注本国的文化，关注孩子们对传统文化的继承与发展，让我们的孩子都具有我们中国的独特气质与文化素养。少年智则国智，少年强则国强，让我们共同托起孩子们的文化强国梦。

2014.12.26.

前言

中国有着悠久的历史和五千年灿烂的文明。我们何其有幸，虽经历国家政权的数次更替及大大小小无数的战争，但由于使用这个特殊表意文字——汉字的缘故，我们中华民族的传统文化从未中断、一脉相承。薪尽火传，传承传统文化的责任终于落到了我们这一代人的肩上。在这个被花花绿绿的电子产品、铺天盖地的娱乐信息充斥下的时代，三十而立的我们，同时也是教育工作者的我们，应该为孩子们做些什么呢？

我们来听听孩子们的心声吧:“童话书我看得太多了”“历史书翻来覆去说的都是那些人、那些事，没意思”。是啊，真正适合孩子们看的传统文化书籍实在是太少了！现有的书大多太过严肃，讲得一板一眼，和中学的历史课本差不多，好奇心强的小孩子哪里会爱看呢？而一些适合小孩子看的文章又多是散见于各个名家的散文集子中。于是，我斗胆仗着自己在小学一线从教多年的经验，把孩子们喜闻乐见的阅读资料组织起来，因而有了这套《中国传统文化启蒙读本》，《从“小”学文化》是第一册。

本书共有三十篇小短文，每篇短文选取的主题尽可能地贴近孩子的生活，从小处着眼，这样更能写得深、说得透。题目力求新颖，以便于激发孩子自主阅读的兴趣。本书紧紧围绕中国传统文化进行选材，旁征博引，内容涉及历史、文学、科技、艺术、中医、民间风俗等多方面，力求丰富多彩。在材料的组织方面，每篇文章篇幅短小，尽可能使用孩子的语言来表达，以降低阅读难度。阅读的过程不仅是掌握文化知识的过程，更是语言学习的过程。我在每篇文章中大量引用了古诗文、成语，注重语言的积累，可以为孩子们今后的古文学习起到提前渗透的作用。每篇短文都配有多幅精美的插图，直观、形象，有助于读者对文章的理解，既适合孩子的年龄特征，同时又可以培养孩子审美情趣。文章中出现的一些生词在文后都有注释，既有助于孩子扫清阅读障碍，同时又可以进行语言积累。语言的积累是为了语言的运用，在传承文化的同时，本书还注重了语言的使用，每篇文章都有阅读延伸部分，通过“读一读”“说一说”“写一写”，不但能够激发孩子继续阅读同类文章的兴趣，而且锻炼了孩子语言表达的能力，使听、说、读、写有机地结合在一起。考虑到这层目的，这本小书若能作为学校的校本读物，有时间在课上让孩子们读一读、说一说、写一写，或者与班级读书会、辩论会等结合起来，想必能发挥更大的作用。

本书是写给孩子们看的，尤其适合于小学中高年级的学生。把孩子们的心吸引过来，让他们多了解一些中国的传统文化、积累优美的语言（尤其是诗词、成语）是我的初衷。感谢邓小平之女邓林先生对此书的关注与肯定。邓先生有着深厚的家学渊源和丰厚的文化底蕴，虽身为享誉画坛的大家，却对小学传统文化的启蒙教育有着深切的期盼与关怀。我定不负先生的厚望，继续在三尺讲台上探索、实践，并将教研的成果陆续编纂成册，以便更多的小读者能尽早接触适合他们年龄段的传统文化。身为教育者，同时更是受教者，在探索的同时我深深地体会到“教学相长”的益处。感谢可爱的孩子们，他们课堂上的兴奋笑容是对我莫大的鼓励。我会继续和他们一道学习、成长。传统文化这个题材实在是太大了，小小的一个我能力有限，谨以此书抛砖引玉，希望社会上的有识之士都来关注中华民族的文化传承问题，为孩子们多写一些有关传统文化的读物，让中国的传统文化继续在新一代的中国人身上传承下去。

在本书的编纂过程中，作者参阅了一些文化学者的著作和其他相关资料，在此对这些前辈深表敬佩与感谢。由于本人的知识积累和水平有限，书中难免有不足之处，敬请读者阅后提出宝贵意见。

编著者

2015 年 11 月 8 日

目录

此“豆”吃不得

豆不就是黄豆、绿豆、红豆、豌豆、蚕豆之类的豆子嘛，怎么还会有吃不得的豆？确实有。在我国先秦时期，也就是在秦始皇统一中国之前，豆指的是一种盛放食物的器具，如同现在碗、碟的用途一样。

最早出现的豆是陶制的。之后，根据制作材料的不同，又出现了铜豆、竹豆、木豆等。豆的形状很像一个有着细柄的圆托盘，有的有盖，有的没有。“豆”字本身是一个象形字，甲骨文的豆字写法是，像一个高脚器皿，内部的一横表示器皿中的食物，上面的一横表示盖子，下面的两竖表示豆的柄，底下的一横表示豆的底部。豆这个字经过了三千多年的字形演化，变化并不大。

“豆”的字形演变

在古代，俎（zǔ）和豆都是祭祀（sì）[1]用的器皿，俎豆这两个字连用表示祭祀。《三字经》里有一句“昔孟母，择邻处”，讲的是“孟母三迁”的故事。孟子小时候住的地方在坟墓的附近，他经常在坟地里玩耍，模仿大人的丧葬行为，孟子的母亲认为这样的环境不利于孩子的成长，于是就带着孟子搬迁到市场附近住下来。可是，孟子又模仿着市场中大人的样子玩起商人做买卖的游戏来，于是孟母又搬迁到

青铜豆

学馆旁边住下来。此时的孟子有了什么变化呢？史书上记载"其嬉（xī）游乃设俎豆，揖（yī）让进退"，孟子以模仿祭祀礼仪作为自己的游戏内容，渐渐地，他待人接物也变得彬彬有礼[2]了，孟母这才放心地定居下来。

相对于鼎（dǐng）来说，豆的体积算是小的，因此它不仅可以用作祭祀，也是日常生活的必需品。古人的宴饮不像今天的聚餐那样，大家在一个盘子里夹菜，古时候是分餐制，根据身份、地位、年龄等不同，每人享有不同的待遇，摆在面前的菜肴份数有多有少，因此每个人面前摆放的豆的数量也不同。《礼记·礼器》中有这样的记载："天子之豆二十有六，诸公十有六，诸侯十有二，上大夫八，下大夫六"，豆的多少体现了身份、地位的差别。使用豆的多少还与年龄有关，尊重优待老人是我国的优秀传统，《礼记·乡饮酒》中记载："六十者三豆，七十者四豆，八十者五豆，九十者六豆，所以明养老也。"由此可以看出，老人的年龄越大，摆放的豆的数量越多，也就是菜肴的份数越多，表现了人们对高龄老人的一种格外尊重。

词语注释

[1] 祭祀：旧俗备供品向神佛或祖先行礼，表示崇敬并求保佑。

[2] 彬彬有礼：形容文雅有礼貌的样子。

阅读延伸

1. "豆"字是一个象形字。象形字来自于图画文字，是一种最原始的造字方法。我们学过的象形字有很多，比如日、月、马、鱼、门等。你还知道哪些汉字是象形字？请你写一写。

2. 在古代，豆是一种盛放食物的容器，这样的容器还有哪些？请你读一读下面的文字吧。

鼎是用来煮肉和盛肉的。古代煮肉时，会把猪、牛、羊切成几大块，或者整只煮，因此鼎都非常大，以圆腹三足的比较常见。鼎在古代还是国家和权力的象征，与此有关的成语有“三足鼎立”“一言九鼎”“问鼎中原”等。

司母戊（wù）鼎

镬（huò）是专门煮肉的，也是大腹，圆形，但没有足。古代有一种酷刑，就是把人扔进镬里煮，称为“汤镬”。

“煮豆燃豆萁，豆在釜（fǔ）中泣”是曹植《七步诗》中的句子。釜圆底而无足，是现在“锅”的前身。

西周铜簋

簋（guǐ）街是北京的一条著名的美食街。簋最初是用来盛放食物的，后来也用于盛放煮熟的饭食。簋的形状很像大碗，圆口、大腹。

《论语》中记载了孔子赞扬颜回的话“一箪（dān）食，一瓢饮，在陋巷，人不堪其忧，回也不改其乐。”其中的“箪”是竹制或苇制的器皿，常用来盛饭。

从剪头发说起

我国的习俗是正月不剪头，那什么时候剪头发最好呢？过了正月到二月初二这一天是我国传统民俗“龙抬头”的日子，民间认为这一天非常吉利，一直有“理发去旧”的风俗，因此这一天去理发店的人特别多。可是你知道吗，在古时候，无论是哪一天，人们都不敢轻易剪头发。

《孝经》里有一句话最为人们熟知，“身体发肤，受之父母，不敢毁伤，孝之始也。”因此汉族人无论男女都留长发终身不剪，这也就解释了为什么清初“留头不留发，留发不留头”的剃发令会激起汉族各阶层人士那么强烈的反对。古代曾有一种刑罚叫“髡（kūn）刑”，受罚的人要被强行剃光头发，这在当时是一种相当严厉的惩罚。把这种刑罚演绎（yì）得淋漓尽致的当属三国时期的曹操了。曹操带领军队讨伐张绣，正值麦子成熟的季节，他担心手下将士骑马踏坏麦田，引起百姓的不满，于是下令：“大小将校凡过麦田，但有践踏者，并皆斩首。”谁料他自己的马因为受惊，踩坏了一大片麦田。自己说过的话不能不算数呀，怎么办呢？曹操很狡猾，想到了“割发权代首”的好办法，当即割下了自己的一绺（liǔ）头发算是被砍了头，将大事化小，小事化了。并不是所有的民族都有像汉族那样蓄发的传统。《庄子·逍遥游》中记载，古代吴越一带的风俗是留短发，身上刺花纹，据说这是为了躲避水中的蛟（jiāo）龙。可当时的宋国商人却不了解越人的这种“断发文身”的文化差异，使得他们千里迢迢（tiáo）

贩卖到那里的假发无人问津[1]，做了赔本的买卖。

如果人们不剪头发，任其生长，头发就会越长越长。怎么办呢？随着年龄的增长，到了某个特定时期，人们就会把头发盘起来。古代女子满十五岁时，会举行“笄（jī）礼”，将头发盘成发髻（jì），“用笄贯之”，也就是在盘好的头发上插上簪子，这是成年的标志，表示该女子可以出嫁了。古代男子满二十岁时，会举行“冠（guàn）礼”，把头发盘成发髻，然后再戴上冠（guān），表示已经是成年人了。当然并不是所有的人都严守礼仪、束发戴冠，偏有个别人离经叛道[2]，披散着长发，比如魏晋时期的“竹林七贤”，他们在生活上不受世俗礼法的约束，我行我素，时常聚众在竹林里喝酒、纵歌，兴致高时甚至披发奔走，呈现出一种癫（diān）狂状态。“人生在世不称意，明朝（zhāo）散发弄扁舟”，披散着头发，驾一叶扁舟，随波逐流，能拥有这么潇洒的人生姿态的人非诗仙李白莫属。“头悬梁，锥刺股”的故事被用来形容学习的刻苦。能够把头发悬在屋顶的横梁上，也足见古人的头发之长。有人戏称：古往今来，头发最长的莫过于李白了，因为他曾在《秋浦歌》中说自己“白发三千丈”，单看这一句，

南朝《竹林七贤与荣启期》模印砖画

真叫人无法理解，他笔下的庐山瀑布也不过是“飞流直下三千尺”，头发比瀑布还长这怎么可能？紧接着他在诗中道出了原因：“缘愁似个长”，因为忧愁就有那么长，用夸张白发之长来形容忧愁之深。忧愁使头发变白，虽说有夸张的成分，但还真有一夜愁白了头的人。春秋末期的伍子胥（xū）被楚平王下令悬赏捉拿，当他逃到了昭关时，因难以过关而一夜急白了头发，也多亏了他的满头白发，便于易容，经过了一番乔装改扮后，终于蒙混过了关。

头发那么长，不注意卫生怎么行？古人也确实勤洗头。古代称洗头为沐，称洗澡为浴。秦汉时，已形成了三日一沐、五日一浴的习俗。当时做官的人是不能每晚回家的，都要统一住在官衙。官府每隔五天放一天假，称为“休沐”，就是让这些人员回家搞个人卫生的。古人的头发长，洗一次可不容易。历史上的周公求贤若渴，为了能及时见到登门拜访的有识之士，即使是在洗头的时候也要握着湿漉漉的头发跑出来多次，这就是“一沐三握发”的故事。古人洗发用淘米水（古代称为潘汁）、胰（yí）子、澡豆、皂角等。富裕人家还有用鸡蛋清的，《红楼梦》中的丫鬟（huɑn）芳官的洗发用品清单里就有鸡蛋的记载。

古代女子不但重视头发的卫生、养护，还非常注重头发的修饰，希望借助头饰，把自己打扮得更漂亮。有钱人家的女子在出嫁时头上会戴着昂贵的凤冠，贫苦的百姓，像《白毛女》中的杨白劳，也要在过年时给自己的女儿买上二尺的红头绳。历史上以简朴而著称的女子当属东汉时梁鸿的妻子孟光了，她以粗布为裙，以荆枝作钗，从此后“拙荆”一词就成为了男人对自己妻子的谦称了。古时候的贵族妇女，常在祭祀大典时头戴一种像头巾式的装饰物，这种头饰被称为“巾帼（guó）”，它的样式比较宽大，类似男子戴的冠，由彩色的丝织品制成。有句俗语叫“巾

明朝孝端皇后的凤冠

帼不让须眉”，巾帼指代女子，须眉指代男子。这句话的意思是女人不比男人差。我国历史上有很多巾帼英雄，如花木兰、穆桂英等，她们骑马打仗、号令千军、屡立奇功，一点儿也不比男子逊色。

汉代头戴巾帼的哺乳妇女陶俑

女子以拥有一头乌黑油亮的长发为美。在爱护头发的女人中，慈禧太后算是最极端的一个。如果谁不小心梳断了慈禧的头发，说不定是要掉脑袋的。伺候慈禧梳头的太监李莲英，善于察言观色。他边给太后梳头，边讲笑话，以分散慈禧的注意力，即使掉了几根头发，李莲英也能悄悄装入袖筒，弄得神不知鬼不觉，就凭这手绝活，李莲英飞黄腾达，成了慈禧身边的红人。

我国很多少数民族都以长发为美。比如能歌善舞的佤（wǎ）族少女就习惯长发披肩，“甩发舞”是她们的传统舞蹈。说到维吾尔族的小姑娘，人们总会想起那一头美丽的小辫子，或几条，或十几条，或几十条，满头的小辫使得维吾尔族小姑娘看上去更加俏皮、可爱。

佤族姑娘的“甩发舞”

词语注释

[1] 无人问津：比喻没有人来探问、尝试或购买。

[2] 离经叛道：原指违反封建统治阶级所尊奉的经典和教条。现泛指背离占主导地位的理论或学说。离：背离，不遵守。

阅读延伸

1.《长发妹》是侗（dòng）族的一个经典的民间故事。请你找来读一读吧。

2. 你知道有关花木兰、穆桂英这些巾帼英雄的故事吗？请你给大家讲一讲。

“疯狂”的石头

看过题目，也许有人会问：不就是石头吗？有什么特别的地方吗？是女娲（wā）补天用的五色石？是精卫填海用的小石子？是愚公移山时凿的大石头？是蹦出了孙悟空的海边奇石？是黄山的飞来石？还是《红楼梦》中贾宝玉出生时就含在口中的通灵宝玉呢？不，都不是。这里要说的三种石头，虽说有大有小，但都价值连城，自古以来受到文人墨客乃至皇帝的疯狂追捧。

北京故宫的太和殿。太和殿是紫禁城内等级最高的建筑物，有三层汉白玉石雕基座，周围环以栏杆。栏杆下安有排水用的石雕龙头，每逢雨季，可呈现千龙吐水的奇观

北京故宫里的“云龙阶石”

有一种石头，在紫禁城里最常见，那就是汉白玉。汉白玉是一种珍贵的大理石品种，质地坚硬，色泽洁白，从中国古代起，人们就用这种石料制作宫殿中的石阶和护栏，这就是古代文学作品里经常提到的“雕栏玉砌”。北京天安门前的华表、金水桥，明十三陵、天坛、故宫内的宫殿基座、石阶、护栏等都是用汉白玉制作的。这其中最具代表性的就是紫禁城里最大的石雕——云龙阶石，去过故宫的人，都会对它留有深刻的印象。

“云龙阶石”为明代遗物，镶在故宫保和殿后面的台阶上，由一整块汉白玉雕成，上面雕有九条腾飞的巨龙。它长约16米，宽约3米，厚约1米，重量超过200吨，是紫禁城内最大的一块石料。这块石料产自北京房山的“大石窝”村。要运到紫禁城，这么远的路途，在没有先进运输工具的情况下，人们是怎么做到的呢？原来到了冬季时，因为气候寒冷，滴水成冰，人们每隔一段距离就在路边凿一口井，从井里汲（jí）水泼在路面上，使路面结冰，再将巨石置于坚硬的木架上，在冰面上慢慢拖拽木架，以此省力。但就是这样，运送一块巨石仍需上万人畜。据记载，当时运送一块重200余吨的石料时，征用了民夫2万人，调集了上千头骡（luó）子，一路上人们高声喊号，在冰面上拉着石料缓缓滑动前行，每走一步都十分艰难，运到故宫用了38天，花费白银10余万两。雄伟壮观的紫禁城凝聚了多少劳动人民的智慧与汗水啊！

还有一种美丽的大石头，可以与汉白玉相媲（pì）美，它就是大名鼎鼎的太湖石。太湖石又叫假山石，常作为中国园林造景之用，主要产于太湖一带，早在一千多年前的唐朝就闻名于世了。太湖石是在大自然的鬼斧神工[1]下自然形成的。通体玲珑剔（tī）透、奇形怪状，具有“皱、漏、瘦、透”之美。产自水中的太湖石尤为珍贵，这种石头经波涛长年累月的冲击，石体上形成许多孔洞，敲击时能发出清脆的声响。

在颐和园乐寿堂前的庭院里，有这样的一块海青色的太湖石，上有乾隆皇帝的题字：“青芝岫（xiù）”。这块石头长约八米，宽约两米，高约四米，就像一面屏风立在庭院里。说起这块石头来，还有着不同寻常的历史呢。明朝有个叫米万钟的人，爱石成癖（pǐ），他发现这块大青石后，非常喜欢，决心运到自己的庭院。米万钟为运这块大青石，花了不知多少钱，石头还没运到家，他的钱财就耗尽了，只好把石头丢在路边，所以，当时的人们就把这块大青石叫作“败家石”。后来这块石头被乾隆皇帝看上了，弄到了颐和园并亲自命名，才有了我们今日见到的“青芝岫”。同样有名的太湖石还有苏州留园的“冠云峰”、上海豫园的“玉玲珑”等。这种太湖石在苏州园林中最为多见。狮子林为苏州四大名园之一，素有“假山王国”的美誉，园中有一处景观怪石林立，仿佛群狮起舞之状，真是名副其实[2]的“狮子林”。

北京颐和园中的“青芝岫”

苏州留园的“冠云峰”，相传为宋代花石纲遗物

千姿百态的太湖石自古以来就受到人们的喜爱与追捧。宋朝的徽宗皇帝为了装点自己的园林“艮（gèn）岳”，四处收集太湖石，经由水路运送，十船为一组，称作一“纲”，这就是“花石纲”名称的由来。运送花石纲劳民伤财，有的地方为了让船队通过，甚至不惜拆毁桥梁，凿坏城郭，百姓苦不堪言，最终导致了农民起义。《水浒传》中的人物“青面兽”杨志就是因为押送的花石纲在黄河里翻了船，不

上海豫园中的千年名石“玉玲珑”

苏州狮子林中众多酷似狮子的太湖石

敢回京赴命，四处逃难，最终被逼上梁山的。

除了汉白玉、太湖石这样的大石头之外，还有一种个头很小的石头，却也价值连城[3]，它就是田黄石。曾有古话“一寸田黄一寸金”，田黄石自古至今备受文人雅士的钟爱，人们用它制成印章，放置于书案之上，可以不时把玩欣赏。“田黄石”顾名思义，是一种黄颜色的宝石。相传清初皇帝祭天，神案上都少不了一方上等的田黄石。史书上记载，清朝时福建巡抚用一整块上等田黄石雕刻了一件“三链章”，被乾隆皇帝奉为至宝，从此清室代代相传。清末，皇帝溥仪在被逐出皇宫的仓促时间里，将那枚“三链章”缝在棉衣里偷偷带出了皇宫，可见对它的重视。除了田黄石外，制作印章的石材还有很多种，其中以鸡血石、芙蓉石最为名贵。鸡血石的颜色像鸡血一样鲜红，所以人们称之为鸡血石。芙蓉石虽然开发时间比起田黄石、鸡血石要晚许多，但是，它细嫩莹白，也一样受到文人雅士的喜爱。它们与田黄石一起被品石家称为“印石三宝”。

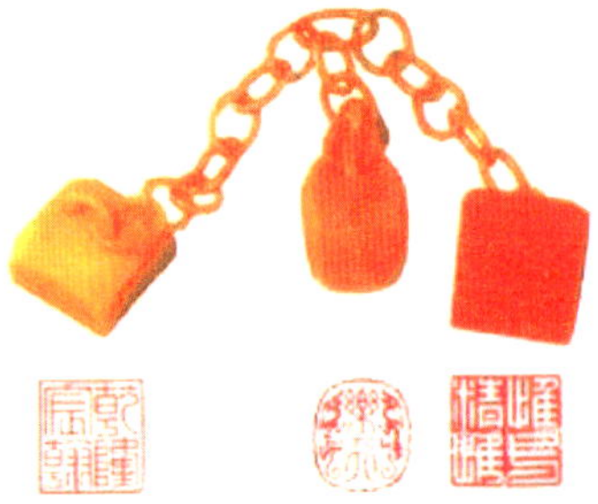

乾隆田黄三链章

以上这三种美丽的石头是在极为特殊的地质条件下形成的，由于非常少见，

《鸡血石印》特种邮票

自然物以稀为贵，因而会受到爱石之人的疯狂追捧，常常有人不惜一掷千金[4]。每一块名石的背后，都有着一段或暴力或血腥或凄凉或感人的故事，人们在收藏了一块珍贵石头的同时也收藏了它的历史，也许这就是收藏品所附带的文化价值吧。

词语注释

[1] 鬼斧神工：像是鬼神制作出来的，不是人力所能达到的。

[2] 名副其实：名称或名声与实际相符合。

[3] 价值连城：形容物品十分贵重。连城：连在一起的许多城池。

[4] 一掷千金：指花钱满不在乎。

阅读延伸

1. 本文介绍的三种石头你都见过吗？在哪里见到的，你能说一说吗？右图是北京中山公园里乾隆御题的太湖石“青莲朵”。此石原置于圆明园，在英法联军火烧圆明园后被移入北京中山公园。你也可以在公园里找到一些有来历的太湖石。

北京中山公园里的太湖石“青莲朵”

硅化木原石

南京雨花石

2. 除了上述的三类石头外，再向大家介绍两类石头。有一类石头是由木头变成的，它叫硅（guī）化木，是一种木化石，是几百万年或更早以前的树木被迅速埋到地下后，变成的树木化石。还有一种漂亮的石头价格不贵，可以作为百姓收藏把玩之用，它就是南京的雨花石，是我国特有的石头，有着美丽的花纹和色彩。

你家里有些什么漂亮的石头吗？拿来让大家开开眼吧。

3. 米芾（fú）拜石的故事

文人爱石缘于石能寄托心灵情趣，可以以小见大，使人们感受到天地的大美。因此文人喜欢以石为友，其中不乏嗜石如命的人。米芾是北宋著名的书画家，因为爱石到了癫狂的地步，被人们称为“米颠”。有一天，他在路上看到一块巨石，形状奇特，实属平生未见。米芾大喜道：“此石足当吾拜！”马上整理好衣冠，毕恭毕敬的一揖到地，口中称呼其为“石兄”。“米颠”爱石的趣事还有很多，请你找来读一读。

陈洪绶（明末清初）
《米芾拜石图》

古代的度量衡

度量衡是指在日常生活中用于计量物体长短、容积、轻重的标准的统称。在古代，人们最初判断长短、大小、轻重时，常借助身体的某一部分作标准来衡量，因而有“布手知尺”“手捧为升”“迈步定亩”等说法，只不过这种计量方法存在着因人而异的弊端。随着计量技术的迅速发展，到了春秋战国时期，各国均有不同的度量衡单位制和度量衡器具。一个国家如果没有统一的计量单位势必会对人们的生活造成混乱，因此，秦始皇在统一中国后，做了一项英明之举，那就是统一了度量衡。从此以后，历朝历代都会对度量衡进行调整。时至今日，有些计量单位已经发生变化或已被废弃，有的还在沿用。

古代的长度单位有很多，《孙子算经》中记载：“蚕吐丝为忽，十忽为一丝，十丝为一毫，十毫为一氂（lí）(厘)，十氂为一分，十分为一寸，十寸为一尺，十尺为一丈，十丈为一引，五十引为一端，四十尺为一匹，六尺为一步，二百四十步为一亩，三百步为一里。”这里说了很多的长度单位，其中毫、厘是其中两种极小的长度单位，“失之毫厘，谬以千里”用来告诫人们看似很小的闪失也会导致非常大的失败，不能有一丝一毫的松懈。步在古代也是个长度单位，历代一步的尺数不一。荀（xún）子的《劝学篇》中说：“不积跬（kuǐ）步，无以至千里”，意思是不一步一步走，是不能到达千里以外的地方的。跬步是迈出一只脚的距离，相当于现代人说的迈一步，而古代的一步是双脚各迈一次算一步。唐太宗李世民就曾经把自己左右脚各走一步的长度作为当时全国的长度单位“步”的标准。

古代的长度单位的标准与现在不同。在读古文时，要对照当时的度量衡进行换算，切不可望文生义[1]。古文里讲的“堂堂七尺男儿”是多高呢？若是按照现在我国使用的一尺的标准来算的话，七尺就是两米三的样子，有人会说：“这也太高了吧，难倒只有打篮球的才能称为男子汉吗？”其实古代的一尺没有现在的那么长，每个朝代对一尺的标准都各有不同。如果按照三国时期的标准计算的话，七尺相当于现在的一米七左右，和现代人的身高还是比较接近的。武大郎是《水浒传》中的人物，因其个头矮被人戏称为“三寸丁”。他到底有多矮呢？据《水浒传》描述，“这武大郎，身不满五尺，生得面目狰狞，头脑可笑”，按作者所处时代的尺寸标准计算的话，他的身高还不满一米六，确实可算是身材矮小。李白的《夜宿山寺》中有这样一句“危楼高百尺，手可摘星辰”，唐朝时，一尺约等于现在的九寸三分，这样折合下来李白描写的楼约有三十米高，这在当时也确实算是高楼了。王之涣的《凉州词》中的诗句“黄河远上白云间，一片孤城万仞（rèn）山”中的山有多高呢？古代一仞相当于七尺或八尺，虽然历代的尺长度不一，但若以当时的尺度算起来的话，万仞山怎么也有两万多米高，这是诗中一种夸张的艺术手法。

亩和分是古代衡量土地面积的单位。“管好自己的一亩三分地”是我们比较熟悉的一句话。这句话怎么来的呢？其实，一亩三分地的面积并不大。明清两代的皇帝为了了解农时，同时给全国百姓做榜样，便在先农坛开辟出了一块土地，每年仲春亥（hài）日在这里表演“亲自耕种”，这块土地经丈量恰好是一亩三分，于是人们推而广之，把与自己生活相关的事情称为“一亩三分地”。

俗话说：“人不可貌相，海水不可斗量。”这是告诫人们以貌取人就像用斗来量海水有多少一样，是不可取的。斗是古代的容积单位。“才高八斗”这个成语比喻文才高超的人。这个成语来自于谢灵运对曹植才华的称赞。“煮豆燃豆萁，豆在釜中泣。本是同根生，相煎何太急？”，曹植在七步之内就能作此诗，确实才华出众。怪不得谢灵运赞叹道："天下才共一石（dàn），曹子建独得八斗，我得一斗，自古及今共分一斗。"石、斗、升都是古代的容量单位。一石等于十斗，一斗等于十升。在北京故宫的太和殿前陈设有嘉量，它是方形、铜制的，全器分斛（hú）、斗、升、合（gě）、龠（yuè）五个容量单位，被置于石亭中，放在太和殿前，象征着国家的统一和集权。

北京故宫太和殿前的嘉量

我们再来说说重量单位。斤、两是最常用的重量单位，我们现在还在用它。过去的一斤等于十六两，半斤就是八两，因此"半斤八两"常用来比喻两者不相上下。过去每个朝代的斤两标准有所不同。《三国演义》中记载关羽的兵器青龙偃（yǎn）月刀重八十二斤。有人会想：一口刀那么重，甭说在手中使得出神入化了，普通人就是举也举不起来呀。实际上那是东汉时期的八十二斤，如果换算到了现代，也就是三十六斤左右，这样看来，小说中的描写还算合情合理，不过也多少带有夸张的成分。最夸张的要数《西游记》了，孙悟空手中的金箍棒重达一万三千五百斤！再怎么换算也都是一个天文数字。钧在古代也是一个重量单位，在比喻情况万分危急时我们会用到"千钧一发"这个成语。古代一钧等于三十斤，那么千钧就是三万斤，将这个重量系在一根头发上，情况确实很危急。说过了重的再来谈谈轻的，锱（zī）、铢（zhū）都是古代很小的重量单位，锱为一两的四分之一，铢为一两的二十四分之一。一两有多重呢？一两也就大约相当于一个鸡蛋那么重，由此推知锱、铢非常之轻。成语"锱铢必较"形容一个人非常小气，很少的钱也要计较。

山西运城市解州关帝庙前手持青龙偃月刀的关羽像

历朝历代的度量衡单位制均有不同，我们在阅读古人的文章时，需要结合作者写书的年代去理解文章的意思，否则就会闹笑话了。

词语注释

[1] 望文生义：指不了解某一词句的确切含义，光从字面上去牵强附会，做出不确切的解释。文：文字，指字面；义：意义。

阅读延伸

1. 小学语文课本中收有《将相和》一文，说的是在渑（miǎn）池之会上，蔺（lìn）相如为了挽回赵王的面子不惜以生命为代价让秦王击瓴（缶）（fǒu）。原话是这样的：“五步之内，相如请得以颈血溅大王。”这里所记述的是战国时期发生的故事，当时的一步大约为六尺，一尺相当于今天的二十三厘米左右，那么蔺相如与秦王之间的五步距离是多少米呢？请你算一算。
2. 《晏子使楚》是春秋末期的故事，齐王派晏子访问楚国。楚王仗着自己国势强盛，想乘机侮辱晏子，以显示楚国的威风。楚王知道晏子身材矮小，就叫人在城门旁边开了一个五尺来高的洞，让晏子从这个洞钻进去。这里所说的“五尺来高”到底是多高呢？我们来一起算一算吧。周代一尺约 19.91 厘米，5 尺则为 99.55 厘米，约合 1 米。怪不得晏子反唇相讥为“这是个狗洞，不是城门。只有访问‘狗国’，才从狗洞进去……”

古人吃糖吗？

人类的舌尖能够最先感受到的味道就是甜，而这种味道则往往来源于一种物质——糖。很多人都爱吃糖，古时候的人自然也是如此，只不过他们吃的糖与今天的糖大不相同。古代的糖是用谷物熬制成的，像胶一样黏（nián）稠，被称为饴（yí），也就是成语甘之如饴[1]的“饴”，类似于今天的麦芽糖。如果往其中掺入米粉之类的东西使之略硬，就叫作饴糖。今天山东省的特产高粱饴，就是用高粱为主要原料做成的一种好吃又有弹性的软糖。

《诗经》中有这样的句子：“周原膴（wǔ）膴，堇（jǐn）荼（tú）如饴”。这句话的意思是：周原（今陕西岐山）这里的土地十分肥沃，即使生长出的野菜也像饴一样的甘甜。从中我们可知，至少在西周以前，我们的先人就已经知道如何熬制“饴”这种东西了。

饴很黏稠，不溶于水，因此不适宜作调味品。那怎么办呢？聪明的古人想到了用甘蔗汁调味。在战国末期，地处南方的楚国已经开始了甘蔗的种植，人们榨出其中的汁水作为烹调食物时的调味品。屈原的《楚辞·招魂》中就有向烤羊羔里加入“柘（zhè）浆”的记载，柘浆指的就是甘蔗汁。

到了晋代，也就是“竹林七贤”生活的时代，出现了一种固态的饴，它是把甘蔗汁曝晒数日后形成的，入口后能慢慢融化，被人称为“石蜜”。吃的时候要先掰成棋子状的小块，这可以算是糖块的雏形了。

到了唐代，蔗糖的制作技术迈进了新阶段，其标志就是砂糖的出现。砂糖颗粒细小、整齐均匀，是从甘蔗汁里提炼出来的，是每家的厨房里必备的调味品，使用起来很方便，储藏也很容易。砂糖最初是以国外的贡品形式出现在中国的，后来英明的唐太宗派人到天竺（今天的印度）去专门学习用甘蔗汁熬制砂糖的技术。从那以后，砂糖才开始从宫廷走向民间。

饴非常黏稠，因此不像砂糖那样使用方便，却深受孩子们的欢迎。这是为什么呢？《战国策》中有这样的记载：“不知夫五尺童子，方将调饴胶丝，加己乎四仞之上，而下为蝼（lóu）蚁食也”，原来孩子们是用饴来粘取树上的昆虫，真是饴的一种妙用。

爱吃糖是孩子的天性，你可知道，传说中有位神仙也爱吃糖。他就是大名鼎鼎的灶王爷。古时候，每家每户都有用来烧火做饭的灶台，在民以食为天的古代，差不多家家灶间都设有“灶王爷”神位，没钱的人家则将画像直接贴在墙上。灶王爷像上一般印有这一年的日历，上书“人间监察神”“一家之主”等文字，以表明对这位大神的尊崇。在民间传说中，灶王爷自上一年的除夕以来就一直留在这户人家中，保护和监察一家人，到了腊月二十三日灶王爷便要升天，去向天上的玉皇大帝汇报这一家人的善行或恶行。因此，在腊月二十三这天，人们在祭灶的时候会往灶王爷的嘴上抹饴，取其意为“嘴甜”，以便“上天言好事，下界保平安”，还有一种用意为“饴把嘴巴粘上了”，这样灶王爷就不会乱打小报告了。这也算是饴的另一种妙用吧。

木板年画上的灶王爷

词语注释

[1] 甘之如饴：感到像糖一样甜，比喻甘心情愿地从事某种辛苦工作或虽处困境也能安然忍受。

延伸阅读

1. 请你买几块高粱饴尝一尝，不要光顾着吃哦，试着形容一下它的口感。
2. 古时候除了向菜肴中加入甘蔗汁以增加甜味之外，人们还会使用野蜂蜜。我国使用野蜂蜜大约始于周代后期。人们以蜜制作食品，会用蜜腌渍果子。权贵之间还会以蜜作为互相馈（kuì）赠的礼物。到东汉时，已经有人工养蜂了。魏晋南北朝至隋代，出现了蜜饯、蜜蟹等食品。宋代以后，蜂蜜被广泛用于菜肴、糕点、医药之中。
3. 俗话说：甘蔗没有两头甜。你知道甘蔗哪头最甜吗？读完了下面的一段话你就知道了。

   甘蔗靠近根部的地方最甜。因为甘蔗在生长过程中要不断消耗养分，多余的糖分就贮藏在甘蔗靠近根部的地方。此外，由于甘蔗叶片要进行光合作用，需要大量水分，所以，甘蔗本身的水分大多在叶子附近，根部反而比较少，这样根部糖的浓度就比较高，因此根部最甜。
4. 读了上面的一段话，你会从哪头开始啃甘蔗呢？想必会从较甜的根部开始啃吧。你知道吗，东晋有个著名的画家，叫顾恺（kǎi）之，他画的《女史箴（zhēn）图》和《洛神赋图》都非常出名，是我国的国宝。史书中记载他嗜（shì）食甘蔗，但吃的方式却与众不同，他总是从顶部开始啃，慢慢地啃到根部，他的解释是“渐入佳境”。你是怎么理解“渐入佳境”这个词的？

吉利话儿

吉利话具有吉祥意义，是人们在特殊时间、场合使用的语言，表达了说话者的祝福。民间认为，吉利话能增添喜庆气氛，给人们带来好运气，是人们渴望美好生活的表现。

春节对于国人来说是最重要的节日。“三星高照”“五福临门”“三阳开泰”等都是春节时人们常说的吉利话。“三星”指的是福、禄、寿三位星官。在传统民俗中，这三位星官的职责最为重要：“福星”会带来好运，“禄星”负责加官晋爵，“寿星”保佑人们长生不老。“三星高照”用来祝福人们能够得到这三位星官的照顾，幸福如意，健康长寿。“五福临门”中的“五福”指的是长寿、富贵、康宁、好德、善终。这五福的共同来临是人们的美好期盼。“三阳开泰”一词来源于《易经》[1]，正（zhēng）月为泰卦，三阳生于下。“泰”是卦名，这个卦很吉利，有安定的意思。正月正是冬去春来，万物复苏的时候，因此“三阳开泰”便成为春节时人们用来互相祝福的吉利话。“阳”与“羊”谐音，而且在古文中，“羊”与“祥”是相通的。因此“三阳开泰”也写成“三羊开泰”。

民间剪纸作品《三阳（羊）开泰》

结婚是人生中的大事。婚庆的吉利话有“比翼齐飞”“喜结连理”“秦晋之好”“琴瑟和谐”“鸾凤和鸣”等。

北京故宫里的连理枝

这些吉利话是从何而来的呢？“在天愿作比翼鸟，在地愿为连理枝”是白居易《长恨歌》中的诗句，描写了唐玄宗和杨贵妃在长生殿前的山盟海誓。诗句中的“比翼鸟”是中国古代传说中的鸟名，这种鸟仅一目一翼，雌雄必须并翼才能飞行，因此常用“比翼鸟”比喻夫妻形影不离。“连理枝”是指两棵树的枝干生长在一起，象征夫妻恩爱。北京故宫御花园里就有这样合生的树。“秦晋之好”是一个成语。在春秋时期，秦国与晋国是相邻的两个强国，为了避免两国之间的战争，两国的国君之间互相嫁女联姻，从而加强了两国之间的友好关系。后来民间将男女之间的婚姻也称作“秦晋之好”。琴和瑟（sè）是两种乐器名，琴瑟合奏时声音非常和谐，因此用“琴瑟和谐”指夫妻关系和谐、亲密。“鸾（luán）凤和鸣”中的“鸾”和“凤”都是传说中的神鸟。“鸾凤和鸣”指的是鸾鸟与凤凰相互应和鸣叫，比喻夫妻之间的关系和谐。

中国自古以来就有尊老的习俗。人们在给老人祝寿时经常说的吉利话中有一句“福如东海长流水，寿比南山不老松。”其中“南山”

马王堆汉墓出土的25弦瑟

紫禁城太和殿前的铜鹤

指的是南岳衡山，也有人认为是终南山。“松鹤延年”也是寓意老年人健康长寿的吉祥话儿。松树的树龄很长，四季常青，鹤指的是丹顶鹤，被民间认为是神鸟，因而在鹤前往往加一个“仙”字。紫禁城太和殿前有个宽阔的平台，称为丹陛（bì），在丹陛上就有铜鹤一对，是长寿的象征。

古代添丁进口是一家人的大喜事。在旧时，人们重男轻女，把生男孩叫“弄璋（zhāng）之喜”，生女孩叫“弄瓦之喜”。璋是古代的一种玉器，形状像半个圭（guī），在祭祀等重要场合使用。给男孩子玉璋玩弄，是希望他将来有玉一样的品德，祝福他长大以后能够在朝中为官。瓦指的是陶纺轮，给女孩子玩弄陶制的纺轮，是希望女孩长大以后是一个干家务的能手。

对参加考试之人说的吉利话有“蟾宫折桂”“鱼跃龙门”“雁塔题名”等。早在战国时代，就传说月中有蟾蜍，所以人们俗称月宫为“蟾宫”。相传月宫中有桂花树，能飞到月亮上折一枝桂花，那本事可真是够大的，人们以“蟾宫折桂”比喻考试榜上有名。古代传说黄河鲤鱼跳过龙门，就会变成龙，因此“鱼跃龙门”通常用于祝福人们学业成功或职位高升。雁塔指的是大雁塔，它是西安市著名的景点。在唐代，凡是考中进士的人都会到大雁塔登高赋（fù）诗，题名留念，此举被视为至高的荣誉，因此用“雁塔题名”来祝福人们学业有成。

西安大雁塔前的玄奘像

“祝你旗开得胜，马到成功”是在比赛开始前对参加比赛的人说的吉利话。“旗开得胜”原指军旗一展开，战斗就取得了胜利，比喻事情刚开始就取得成功。“马到成功”指战马一到，立即成功，比喻顺利而且迅速地取得成功。

人们爱说吉利话，爱听吉利话。每句吉利话都有不同的寓意，我们要分场合、分对象地使用，才能说得大方得体。

词语注释

[1]《易经》：中国儒家经典之一，分《经》《传》两部分。《经》据传为周文王所作，由卦（guà）、爻（yáo）两种符号重叠演成 64 卦、384 爻，依据卦象推测吉凶。《易经》是中国传统思想文化中自然哲学与伦理实践的根源，对中国文化产生了巨大的影响，是中华人民智慧与文化的结晶，被誉为“群经之首，大道之源”。

阅读延伸

1. 本文中的吉利话都是在什么场合说的，请你和其他同学一起设计一段对话，用上吉利话并加上动作表演一下。
2. 本文介绍了一些吉利话，你还知道哪些？请你说一说。

几种特别的衣裳

衣裳有什么特别的吗？还真有。在古代，穿衣有严格的等级限制，不是想穿什么样式就能穿什么样式，也不是想穿什么颜色就能穿什么颜色的。在这里给大家介绍几种特别的衣裳。

古人最贵重的冬装是裘（qiú）。裘皮服装在我国历史悠久，早在公元前 16 世纪的殷（yīn）商甲骨文中就出现了“裘”这个字。裘是皮衣，毛向外，因为兽毛通体一个颜色，不好看，因此在讲究礼仪的场合，裘不能直接作为外套穿，裘外至少要罩一件与裘皮颜色相宜的裼（tì）衣，以

［元］刘贯道《元世祖出猎图》（局部，元世祖身着白色狐裘）

增加服装的色彩。用以做裘的皮毛有很多种，例如犬、羊、虎、熊、貂、狐等。其中羊裘价值较低，狐裘价值较高。狐裘中又以狐白裘最为珍贵。它是由狐狸腋（yè）下的白色皮毛做成的，这种毛颜色纯白，最为轻暖。成语“集腋成裘”即反映了狐白裘的珍贵。古书中提到裘的地方很多。在“鸡鸣狗盗”的故事中，“战国四君子”之一的孟尝君正是凭借献给秦王宠妃的一件价值千金的狐白裘，才得以从监牢中脱身。唐代诗人岑参的诗句“散入珠帘湿罗幕，狐裘不暖锦衾（qīn）薄”，描写了塞外的苦寒，诗句中贵重的狐裘与价值不菲（fěi）的锦衾，只有少数的将领才能穿得起。穿着狐裘都不觉得暖和，那普通的士兵又如何呢？这是诗人留给我们的思考。

古人在打仗时身上穿的护身衣称为甲，头上戴的头盔称为胄（zhòu）。战国时期，甲胄主要以皮革制成，如《国殇（shāng）》中的“操吴戈兮被（pī）犀甲”中的犀甲指的是用犀牛皮制成的铠甲。到西汉中期，铁甲胄已经占据了主要地位。唐代诗人王昌龄的诗句“白露铁衣湿”中的铁衣就是铁铠甲。除了战士披甲之外，习武之人也会以甲防身。最有名的“软猬甲”出自金庸的武侠小说《射雕英雄传》，据说刀枪不入，而且满布倒刺钩，如以手掌击于其上，必为其所伤。

康熙皇帝的甲胄
（甲为上衣下裳式）

古代的习武之人在夜间外出时都穿黑色的夜行衣，这就是说书人经常说到的“周身穿青，遍体挂皂”，“青”和“皂”在这里指的都是黑色。在古代，晚上照明条件非常有限，因此黑色的夜行衣在夜晚的掩护作用非常大。不过，在《三侠五义》里面，“锦毛鼠”白玉堂偏偏喜穿白色的夜行衣，真是艺高人胆大。

古代只有皇帝才能穿龙袍。龙袍上绣有九条龙，表示皇帝是九五之尊。早期的龙袍并不是明黄色，它的颜色与当时人们的信仰有关，比如夏朝崇尚黑色，周朝崇尚红色，秦朝崇尚黑色，到了汉文帝刘恒时，龙袍第一次采用黄色。在这以后的朝代认为皇帝居于中原之中，按五行说中央属土，而土在五行中的代表颜色是黄色，因此黄色就成了之后历代帝王的专用色。

中国古代僧人穿的衣服称为袈（jiā）裟（shā）。袈裟本是一种颜色的名称，是一种杂色，因为按规定僧人必须穿杂色的衣服，不能穿青、黄、赤、白、黑这五种纯色。僧衣又称为“百衲（nà）衣”，因为有的僧人为了苦修，常拾取别人丢弃的陈旧的碎布片或挨家挨户讨要碎布，洗干净后缝在一起做成衣裳。缝制这种僧衣有严格的规定，一般都是用若干条长方形布条缝成，一般僧人常自称“老衲”或“贫衲”，即由此而来。

《西游记》特种邮票中唐僧身披锦襕袈裟

还有一种特殊的衣裳，是给死人穿的，价值连城，它就是举世闻名的金缕玉衣，是汉代的皇帝和当时地位高的王侯死后穿的殓（liàn）服。金缕玉衣是由上千片大小相同的长方形玉片拼成，并用金丝加以编缀，拼合得天衣无缝，包裹在人的身上，非常像古代的盔甲。为什么要用玉呢？因为当时人们十分迷信，认为玉能够保持尸骨不朽，君王更把玉作为一种高贵的礼器和身份的象征。由于金缕玉衣的制作所费的人力和物力十分惊人，到三国时期，魏文帝曹丕（pī）下令禁止使用玉衣，从此玉衣便在中国历史上消失了。

除了上述几种特别的衣裳外，宽衣博带、长裙长袍的汉朝服装，魏

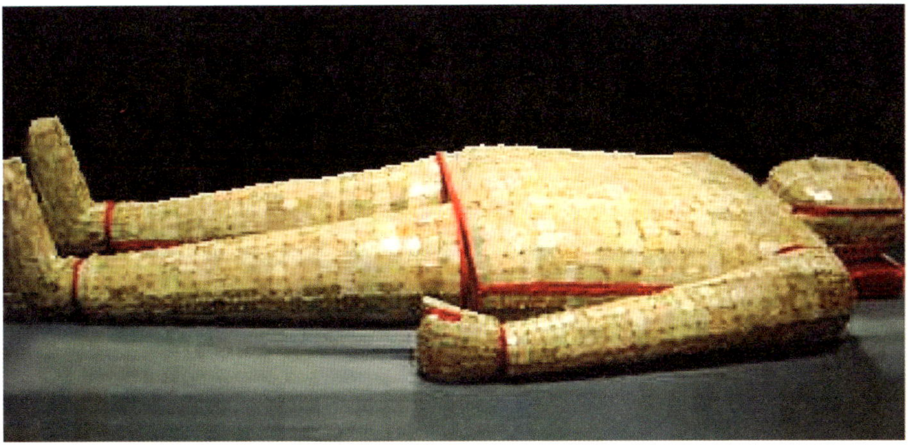

西汉中山怀王刘修的金缕玉衣
（共用玉 1203 块、金丝约 2567 克）

晋南北朝时期的窄袖胡服，清代带马蹄袖的圆领官服，清代满族妇女的旗袍等，也都各具特色，充满了各朝代的特点和民族特色，是我国传统文化中不可或缺的一部分。

身着旗袍的满族女子

阅读延伸

1. 本文介绍了哪几种衣服，你见过其中的哪种衣服，是什么样子的，在哪里见到 的？请你说一说。
2. 你还知道有哪些不同样式的衣服？比如民族服装、古代官服、戏剧服装等，请你说一说。

箭与剑

箭与剑同为古代的冷兵器，同音而异义。一个适合远距离作战，一个便于近身肉搏，二者均被广泛应用于战斗中。几千年来，凝聚于其上的历史成为了中国文化不可分割的一部分。

后羿（yì）射日的故事人们耳熟能详[1]，弓箭出现的时间也许可以上溯（sù）到遥远的神话时代。在冷兵器时代，弓箭是最可怕的致命武器，它能在百步之外置敌人于死地。古人曾经用箭射出去的距离作为长度的单位，被称为“一箭之地”，约为一百三十步。弓箭在战争中应用非常广泛，会射箭是被人们称道的一种本领。中国古代儒家要求学生掌握六种基本技能：礼、乐、射、御、书、数，其中“射”指的就是射箭。统治者也很看重将士的射箭本领，以射箭本领的高低作为选拔将领的标准。在唐朝，武则天开创了选拔武官的武举考试，武举考试共 7 个科目，其中就有三个项目与射箭有关。

古时候箭法精准的神箭手有很多。史书上最早记载的是春秋时期楚国的养由基，他能在百步之外射中小小的柳叶，“百步穿杨”这句成语就是从这儿来的。要想箭射出去的距离远，就要“会挽雕弓如满月”。满月是圆月，

布达拉宫的清代壁画《骑射图》

能把弓拉得像圆月那么圆需要很大的臂力。臂力大自然就能把箭射得远，这样的人物中要数李广最为有名。李广是西汉时著名的“飞将军”，有一次他在夜半时分赶路，突然看见路旁草丛中蹲着一只猛虎，赶紧一箭射去，近前看时才发现那不是老虎而是一块石头，射出去的箭头竟然“中石没（mò）镞（cù）”[2]，可见李广的臂力之大，这就是记载于《史记》里面的“李广射虎”的故事。

箭的杀伤力很大。大将军关羽就是因为中了毒箭才不得不刮骨疗毒的。春秋时期的管仲想要射杀齐国公子小白，没想到射在了小白身上的玉带钩上，公子小白这才幸免于难，成为了日后的齐桓公。古往今来，死于箭下的英雄豪杰有很多，比如杨门女将穆桂英就是中箭身亡的。所谓“明枪易躲，暗箭难防”，长平之战中那位纸上谈兵[3]的赵括就是后背中箭而死。

不同于远距离作战的弓箭，剑是近身搏斗的武器。所谓“一寸短，一寸险”，手中的兵器越短小，就越需要接近对方，这样虽然很危险，但对对方的杀伤力也就越大。根据考古发现，基本可以确认西周初期就出现了剑，但那是一种长度仅十几厘米或二十几厘米的又可称作“匕首”的短剑。到了春秋战国时期，剑成为步兵的主要兵器，并不断加长。秦始皇兵马俑坑中出土的一把青铜剑，长度竟然超过了91厘米！可以推测，当年秦始皇在秦宫里佩带的很可能就是这种加长的青铜剑，他在逃避刺客荆轲的紧张奔跑中，要拔出将近一米的长剑，确实不容易，因而三次拔剑都拔不出。

剑体现着英雄情怀。春秋时的眉间尺不惜割下自己的头颅与宝剑一起托付给黑衣刺客，作为刺杀楚王的诱饵，最终为父亲报了仇。中国古代四大刺客之一的专诸将短剑藏于鱼腹之中，从而成功地刺杀了吴王僚（liáo）。中国历史上还有很多这样的侠客故事与传说。

剑除了作为兵器被使用外，在其他领域也发挥着作用。剑具有携带轻便、使用迅捷的特点，素有“百兵之君”的美称，深受文人雅士的喜爱，常常将其佩带在身上，展现一种侠义的气概。隋唐时期，佩剑之风最为盛行。李白的仗剑远游给这位诗仙身上增添了游侠的色彩。

剑还是权力的象征，皇帝御用的宝剑称为尚方宝剑，持有尚方宝剑的大臣，具有先斩后奏的权力。在唐代，剑术与舞蹈结合起来，具有很强的观赏效果。最负盛名的是公孙大娘，她是开元盛世时的唐宫第一舞人，善舞剑器，舞姿惊动天下。据说当年草圣张旭，就是因为观看了公孙大娘的剑器之舞而茅塞顿开[4]，成就了笔走龙蛇的绝世草书。剑与道教也结下不解之缘，以桃木做的剑是道教的一种法器，在中国传统习俗中被认为具有镇宅辟邪的作用。

刘勰（xié）的《文心雕龙》中有这样一句话：“操千曲而后晓声，观千剑而后识器。”历史上的名剑有很多，著名的有干将、莫邪（yé）、龙泉、太阿（ē）、纯钧、湛卢、鱼肠、巨阙等。龙泉剑原名为“龙渊剑”，在唐高祖李渊在位期间，因避李渊（高祖）的讳，便以“泉”代“渊”，因而改称为“龙泉剑”。春秋时期的龙泉剑，现今仍有一把收藏于故宫，至今仍很锋利，证明我国在剑的铸造和使用上，有着悠久的历史。

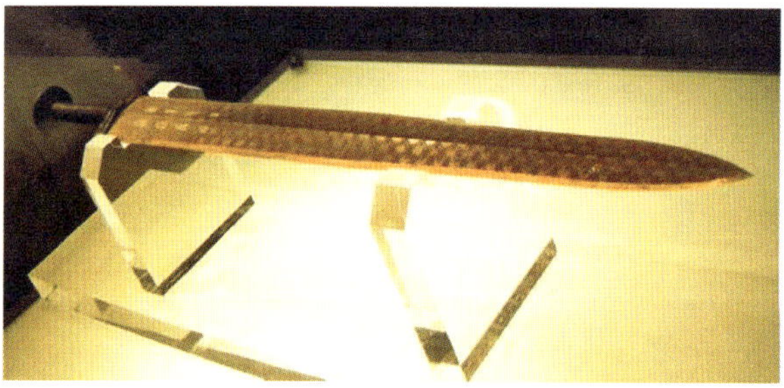
越王勾践剑（湖北江陵“望山一号”楚墓中出土，全长 55.7 厘米）

都说刀剑无眼，兵器虽然给人以冰冷肃杀的感觉，但是拿在英雄的手中，就充满了保家卫国的豪情壮志，洋溢着仗义相助的热血情怀，散发着匡（kuāng）扶正义的侠客气息。兵器因被用而有用，因被英雄使用而名震一时。在箭与剑这两种兵器上，不知沾满了多少鲜血，有过怎样的动人故事。历史的爱恨情仇已经随着时间而烟消云散，曾经闪烁过寒光的兵器现在静静地躺在了博物馆的陈列室里，只有那斑斑锈迹似乎仍在向人们诉说着它往日的荣耀。

词语注释

[1] 耳熟能详：指听得多了，能够说得很清楚、很详细。

[2] 中石没镞：没镞，箭头射进物体中。（李广射出的箭）射中了石头，箭头都射进去了。

[3] 纸上谈兵：战国时赵国名将赵奢之子赵括，年轻时学兵法，谈起兵法来滔滔不绝，连父亲也说不过他。后来他接替廉颇为赵将，在长平之战中只知道根据兵书办，不知道变通，结果被秦军打败。这个成语用来比喻空谈理论，不能解决实际问题。

[4] 茅塞顿开：原来心里好像有茅草堵塞着，现在忽然被打开了。形容忽然理解、领会。

阅读延伸

1. 箭与剑都是古代的兵器，除此之外你还知道哪些古代兵器？
2. 后羿射日的故事你听说过吗？请你给大家讲一讲。
3. “草船借箭”是我国古典名著《三国演义》中的一个精彩故事。诸葛亮神机妙算，成功地利用草船向曹操“借”了不下十万支箭。请你读一读这个故事，将故事的大意尽可能简短地写下来。

颐和园长廊彩画故事“草船借箭”

4. 唐代李白不仅是位才华横溢的诗人，也是位技艺精湛的剑术家。他常常是“抽剑步霜月，夜行空庭遍。”酒酣之时则是“起舞拂长剑，四座皆扬眉。”李白一生创作了大量的诗歌作品，流传至今的有九百多首，其中有很多篇描写或提到剑。你能朗诵其中的一首吗？请你查找出这样的诗句读一读。
5. 杜甫的《观公孙大娘弟子舞剑器行》描述了公孙大娘舞剑的绝技，请你读一读。

昔有佳人公孙氏，一舞剑器动四方。
观者如山色沮丧，天地为之久低昂。
霍如羿射九日落，矫如群帝骖（cān）龙翔。
来如雷霆收震怒，罢如江海凝清光。

6. 剑有时还能发挥不可思议的作用。请你读读这个有趣的故事吧。

“战国四君子”之一的孟尝君养门客千人，其中有一个叫做冯谖（xuān）的人，他为了引起孟尝君的重视，曾三次倚柱弹剑而歌提出要求：“长铗（jiá）归来乎！食无鱼。”“长铗归来乎！出无车。”“长铗归来乎！无以为家。”最终受到了孟尝君的礼遇。冯谖并不是个骗吃骗喝的人，当孟尝君遇到危难时，他毛遂自荐，屡献良策，成功地化解了一次次的危难。

句读

标题中的“读”应读作(dòu)，“句读”也称“句逗”。古人写文章都是不断句的，通篇写下来，文字连在一起，没有标点符号。后人读这些文章很不方便，常常要自己动笔把文章的句子用句号和逗号点断，从而便于更好的理解，这就是“句读”的由来。韩愈在《师说》中写到“句读之不知，惑之不解”，意思是不通晓如何断句，就不能解决疑惑。可见能否正确断句，是理解文章的关键。

断句是私塾(shú)启蒙的基本课程之一。在古代的私塾教育中，孩子们从很小就要学习给文章断句。“明句读”就是《三字经》中明确提到的对学生的要求。私塾先生为方便刚入学的儿童诵读文章，往往会亲自用毛笔蘸（zhàn）朱砂在该断句的地方圈上类似句号的圆圈或圆点。等学生有了一定的经验积累和体会，就让学生自己练习圈点，作为回家完成的预习作业，等第二天学习新课时，先生要先检查学生断句断得对不对，以此检查学生对文章理解得对不对。到后来，学生水平提高以后，不需要借助句读，就能够读懂文章了。古文没有标点确实不方便阅读，但有一点好处是不容置疑的，那就是在读这样的文章时，人们会更专心，努力联系上下文的意思在心中给文章断句，这样的阅读无疑会在心中留下深刻的印象。

由于没有标点，仅靠个人的理解进行断句，因此对同一段话会有不同的理解。这样的故事有很多，比如民间流传的“雨天留客”的故事。故事说的是有个吝（lìn）啬（sè）的酒店老板，厌烦下雨天有人来躲雨却不吃饭，影响自己的生意，因此写了张条幅“下雨天留客天留我不留”，贴在门口故意让路人看见。酒店老板的意思是“下雨天留客，天留我不留”，好让前来躲雨的人知难而退。但有一位聪明的书生就是不走，还指着条幅朗声向众人念道：“下雨天，留客天，留我不？留！”把老板气得没话说。

谢缙(jìn)解诗的故事家喻户晓[1]。谢缙是明朝的大才子。有一次，他应永乐皇帝之邀在一把扇子上书写诗词，他写的是：黄河远上白云一片孤城万仞山羌笛何须怨杨柳春风不度玉门关。这原本是王之涣的《凉州词》，但由于一时疏忽，解缙把“黄河远上白云间”的“间”字给写漏了。皇帝很生气，要治他的罪。好在当时写文章不用标点符号，靠读者自己断句。解缙急中生智，计上心来，忙解释说自己写的是另外的一首词，当场断句朗诵道：“黄河远上，白云一片，孤城万仞山，羌笛何须怨？杨柳春风，不度玉门关”，这首词听起来合辙押韵，合情合理，一场大难就这样被轻松化解了。

还有一篇关于遗嘱的断案故事脍炙人口[2]，说的是有一位八十岁的老翁续弦后晚年得子，他怕死后女婿为争夺财产而加害自己的幼子，因此在临终前，用尽心思写了一份遗嘱，其内容为“八十老翁生一子人言非是我子也家庭财产尽付与女婿外人不得争执”，并将遗嘱一式两份当面交给女婿和幼子的娘亲保管。女婿看了一下遗嘱内容，理解为：“八十老翁生一子，人言非是我子也，家庭财产尽付与女婿，外人不得争执。”于是在老翁过世后顺利地得到了所有遗产，也就用不着去加害老翁的儿子了。等到老翁的儿子长大成人后，其娘到开封府告状，包大人看了老翁的遗嘱，理解了老翁的良苦用心，将遗产全数夺回交给了老翁的儿子，其原因是如果按老翁的意思应该这样断句：“八十老翁生一子，人言非，是我子也。家庭财产尽付与，女婿外人，不得争执。”断句方法不同，结果竟然有天壤之别[3]。

有些句子虽然没有标点，但怎么读都可以，别有一番情趣。尤其是在茶杯、茶壶上题写这样的句子，特别值得玩味。“不可一日无此君”就是其中有名的一句。这七个字在茶杯上作环形排列，可以看成是一句回文，即从任何一字读起皆能成句：“不可一日无此君”“可一日无此君不（疑问语气）”“一日无此君不可”“日无此君不可一”“此君不可一日无”“君不可一日无此”。读起来真是妙趣横生，大大增强了品茶的意境美和情趣美，此类例子还有很多。

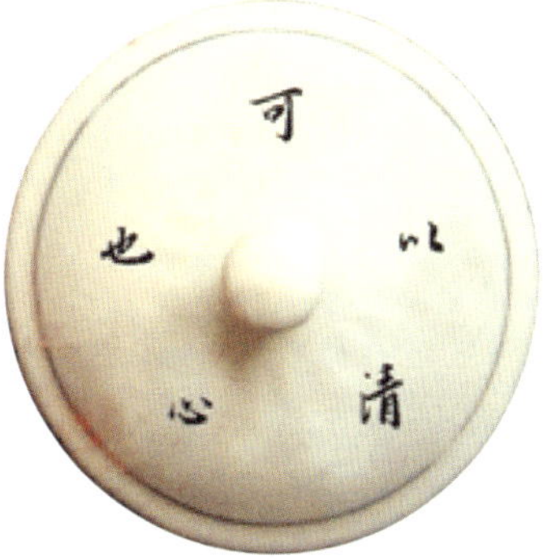

茶杯盖上的回文“可以清心也”从哪个字开始读都可以

古代文人还常常在对联、条幅中做文字游戏，故意让意思模棱两可，以增强文字的趣味性。位于山海关的孟姜女庙就有这样一副有名的楹联。

海水朝朝朝朝朝朝朝落
浮云长长长长长长长消

上联的“朝”字有两种读音：一种读作 zhāo 意思是“早晨”；另一种读作 cháo，意思是“朝拜”或“涨潮”。下联的“长”字也有两种读音：一种读作 cháng，长短的“长”，长有时也作“常”；另一种读作 zhǎng，长有时作“涨”，涨潮的“涨”。由于断句的不同，这副

山海关孟姜女庙的楹（yíng）联

楹联有许多种读法，表示不同的意思（“ˉ”表示一声 “ˊ”表示二声，“ˇ”表示三声）比如：

读法一：

海水朝（潮）朝朝朝（潮），朝朝（潮）朝落；

浮云长，长长（常常）长，长（常）长长（常）消。

读法二：

海水朝朝，朝朝朝，朝朝落；

浮云长长，长长长，长长消。

读法三：

海水朝朝朝，朝朝朝朝落；

浮云长长长，长长长长消。

断句可以考验一个人的文学功底，这副对联还有其他的读法，你愿意试一试吗？

词语注释

[1] 家喻户晓：家家户户都知道，形容人所共知。喻：明白；晓：知道。

[2] 脍炙人口：脍和炙都是人们爱吃的食物，指美味人人爱吃。比喻好的诗文受到人们的称赞和传颂。脍：切细的肉；炙：烤熟的肉。

[3] 天壤之别：天和地，一个在上，一个在下，比喻差别极大。壤：地。

阅读延伸

1. 古文是没有标点符号的，通篇竖版排下来，这样怎么断句呢？还是有办法的。比如可以在文章中找到文言虚词之、乎、者、也等，这些文言虚词往往出现在句子末尾，找到了它们，就相当于找到了句号。也可以找注文，通常古人给文章作注是不管断句的，但注文一般都出现在应该断句的地方，所以一般有注文的地方就是断句的地方。还可以根据古汉语的特殊句式、修辞手法、语气助词、韵脚等帮助断句。

2. 文中的对联还有哪几种断句的方法？请你试试吧。

宋代秦观的回环诗

3. 右图是宋代诗人秦观写的一首回环诗。全诗共 14 个字，排成了一个圆圈。读这首回环诗的时候，要把圆圈上的字按顺时针方向连读，每句由 7 个相邻的字组成，读出来共有 4 句。第一句从圆圈下部偏左的“赏”字开始读，请你试试吧。

全诗读作：

赏花归去马如飞，
去马如飞酒力微。
酒力微醒时已暮，
醒时已暮赏花归。

马年说马

说到“马”，人们的脑海里会涌现出很多关于“马”的吉祥成语，如马到成功、万马奔腾、人强马壮、马不停蹄、龙马精神等。自古以来人们就和马打起了交道，这是因为看中了马奔跑速度很快这一点。在没有汽车的古代，马是最快的交通工具，人们可离不了它。人骑在马上就代表做好了准备，因此在现代汉语中“马上”“立马”这些词语就表示立即、很快的意思。

利用马这种善跑的本领，身在异地的人们能够很快地传递信息。古时候，人们在官道旁设有驿（yì）站，在唐朝时一般每隔三十里就有一个，这是专门为传递官府文书的人提供食宿、换马的场所。在战事紧急的时候，文书的传递经常需要“六百里加急”或“八百里加急”，这就要求公文传递的速度在每天六百里、八百里左右。在文学作品中，我们经常能看到“飞马来报”这样的词语。“八百里加急”要求的速度最快，一般是到驿站只换马不换人，人只能在马上随便吃一口干粮充饥，经常有马匹累死的情况，而担任传递任务之人到了目的地后往往也会累得大病一场。因而如此辛苦的传递只有在十万火急的情况下才使用。但也有例外，那就是“一骑红尘妃子笑，无人知是荔枝来”中描写的荔枝速递了。荔枝极易变质，“一日而色变，二日而香变，三日而味变，四日五日色香味尽去矣”。盛产荔枝的岭南距离唐朝的都城长安有千里之遥，为了让杨贵妃吃上色、味俱全的鲜荔枝，唐明皇就派人将刚摘下的荔枝加急递送，一个驿站接一个驿站地换快马送到长安城，真是劳民伤财，人们怨声载道[1]，这与日后爆发的安史之乱[2]不能说一点儿关系没有。

河北怀来的鸡鸣驿遗址（建于明代，是我国目前仅存的一座较完整的驿站）

历史上有很多名马和它们的主人一起被记录在文学作品中。比如传说中为周穆王驾车的八匹骏马，能够日行万里。“马作的（dí）卢飞快，弓如霹雳弦惊”中的“的卢马”是《三国演义》中刘备的坐骑，它的速度很快，又忠心护主，曾背着刘备跳过宽数丈的檀溪，摆脱了后面的追兵，救了刘备一命，这就是著名的“马跃檀溪”的故事。俗语中有“人中吕布，马中赤兔”，吕布是能人，他胯（kuà）下的赤兔马亦是一匹好马，我们从它的名字上还可以获得这样一条宝贵的相马知识：兔形的头是好马的重要外在标志。“力拔山兮气盖世，时不利兮骓（zhuī）不逝”，这是西楚霸王项羽《垓下歌》中广为流传的名句。“乌骓”是项羽的坐骑，曾经不可

颐和园长廊彩画故事“马跃檀溪”

秦始皇兵马俑中的士兵俑和战马俑

马首铜像。1860 年，英法联军火烧圆明园后，马首铜像被掠走藏于法国，2007 年由何鸿燊（shēn）购得后捐献国家，现藏于北京保利博物馆

一世的西楚霸王项羽兵败后在乌江边自刎（wěn）前，命人将乌骓马带走，但马通人性，久久不忍离去。项羽死后乌骓马也下落不明，至今是一个谜。汉武帝偏爱汗血宝马，为了争夺更多的汗血宝马，不惜与当时西域的大宛（yuān）国发生过两次血腥战争。“五花马，千金裘，呼儿将出换美酒，与尔同销万古愁！”在唐朝开元、天宝年间，社会上很讲究马的装饰，常把马的鬃毛剪成花瓣形状，剪成三瓣的叫“三花马”，剪成五瓣的叫“五花马”。李白笔下的五花马能和千金裘价值等同，可见这五花马也非同一般。巧得很，2014 年的马年生肖邮票上，画的俨然就是一匹五花马。

马很勇敢，自古就被投入战争。在古代，骑兵是一支精锐部队，它的作用很大，往往关系着战局的成败。赵武灵王改革服装，推行胡服，其主要目的，就是建立一支以骑兵为主的军队，这一举措使赵国国力大增，成为军事强国。满族是马背上的民族，他们的骑射本领很强，史书上称满清皇帝“是在马背上得的天下”。马在军队中的作用太重要了，以至于在皇帝死后的殉葬品里，也有制成兵马形状的兵马俑护卫着死者的地下“王国”。在战场上，马与将士们出生入死。“射人先射马，擒贼先擒王”，一旦人仰马翻，那就必败无疑。为了增强马的战斗力，人们给马钉上铁掌，披上铠甲，“铁马”一词在古诗词中经常出现，如“夜阑卧听风吹雨，铁马冰河入梦来”，陆游做梦都盼着骑马杀敌，统一祖国；“想当年，金戈铁马，气吞万里如虎”的辛弃疾宁愿战死沙场，马革裹尸而还，也不愿与敌国讲和。在千军万马之前，主将之间的单打独斗也是在马上进行的。在文学作品中经常能看到“放马过来，与你大战三百回合”这样的句子。

陕西历史博物馆的唐三彩马

马虽然勇敢，性情却很温顺，通人性，是人类的好伙伴，时时陪伴在人们的身边。“乱花渐欲迷人眼，浅草才能没马蹄”，人在悠闲时，会信马由缰，走到哪算哪；“古道西风瘦马，夕阳西下，断肠人在天涯”，人在寂寞潦倒时唯有马在身旁陪伴；“春风得意马蹄疾，一日看尽长安花”，人在高兴时会策马扬鞭，卷尘急驰；考中状元的人历来都是骑着高头大马游街，好不威风得意。

自古以来，人类和马建立了亲密的关系。人们欣赏马，赞美马，很多的艺术作品中都有马的身影。唐三彩陶器中，马是最常见的题材；“昭陵六骏”是著名的浮雕石刻；“马踏飞燕”是东汉时期的青铜器，是我国的国宝级文物；唐代韩干的《牧马图》是绘画珍宝；宋代李公麟的《五马图》是传世佳作；在中国现代绘画史上，徐悲鸿画的马独步画坛。马的美好形象深入人心，一定会让属马的朋友们感到特别的骄傲吧！

《昭陵六骏》特种邮票（唐太宗李世民的陵墓被称为昭陵，在祭坛的东西两侧有六块刻有骏马的青石浮雕被称为“昭陵六骏”）

邮票上的“马踏飞燕”

词语注释

[1] 怨声载道：怨恨的声音充满道路。形容人民群众普遍强烈不满。载：充满。

[2] 安史之乱：唐代安禄山、史思明发动的叛乱。历时八年，叛乱才被平息，唐朝由此转衰。

［唐］韩干的《牧马图》

阅读延伸

1. 名人的坐骑除了马还有哪些呢？

在文学作品里，为了突出人物形象，主人公的坐骑往往与众不同。比如，老子骑青牛，姜子牙骑四不像，王母骑青鸾（luán），张果老倒骑毛驴，文殊菩萨骑狮子，西游记中唐僧骑的是白龙马，牛魔王的坐骑是避水金睛兽。你还知道哪些相关的知识？和我们一起分享吧。

2. 汗血宝马真的是因为奔跑速度快，以至于出汗带血吗？让我们一起读一读下面的文字吧。

专家指出，汗血宝马的皮肤较薄，奔跑时，血液在血管中流动容易被看到。另外，马的肩部和颈部汗腺（xiàn）发达，马出汗时皮肤往往先潮后湿，对于枣红色或栗色的马，出汗后局部皮肤的颜色会显得更加鲜艳，因此给人以“流血”的错觉。

3. 姓马的名人知多少？

《斩马谡（sù）》是京剧传统经典剧目。剧中的马谡是三国时期蜀汉的一名将领，因为麻痹（bì）轻敌，失去了街亭这个汉中的咽喉要地，因而被军法处置。诸葛亮虽心有不忍，却也坚持秉公执法。

朱元璋的皇后姓马，因为没有按当时的传统习俗裹小脚，而被称为“马大脚”。她是仁慈、善良、俭朴、爱民的皇后。她敢于在明太祖朱元璋施行暴政时进行劝谏（jiàn），保全了许多忠臣良将的性命，因此百姓对她非常爱戴。

你还知道哪些姓马的名人？请你说一说吧。

4. 田忌赛马的故事你知道吗？请你讲给大家听一听。

民间玩具

随着科技的发展，集声、光、电于一身的电子玩具逐渐占据市场。昔日的民间玩具逐渐没落，有些仅存在于老一辈对儿时的记忆中。然而，仅有电子玩具陪伴的童年就真的那么丰富多彩吗？其实，民间玩具有着电子玩具不可替代的诸多特色，让我们逐一看看吧。

有些民间玩具是节令玩具，只有节令时才售卖。有了这些玩具的吸引，孩子比大人更盼着过节。大人过大人的节，小孩儿过小孩儿的节。春节期间的鞭炮、烟花，元宵节期间的花灯、走马灯，清明节的风筝，端午节的香包、布老虎，七月十五的莲花灯，中秋节的“兔儿爷”，冬至的《九九消寒图》等，都深受孩子们的喜欢，甚至成了节日的标志。而文化的传递也正是在这一件件玩具的背后悄悄地进行着，使得我们民族的节令习俗更丰富、更稳固。

“兔儿爷”是旧时北京中秋节期间在街头巷尾贩卖的泥玩具，“兔儿爷”的产生，是民间祭月习俗的延伸

有些民间玩具不但可以玩，更是艺术品，集劳动人民的智慧和创造于一身，具有鲜明的民族特色，比如泥人、面人、绢人、鬃人、风车等。这些玩具摆在小朋友的窗前、桌上，是多么的赏心悦目[1]啊！

有些民间玩具是益智的，具有挑战性，可以启发智慧、锻炼耐性，

九连环

［清］金廷标《群婴斗草图》（局部，北京故宫博物院藏）

如各种棋类玩具、七巧板、华容道、九连环等，绝不亚于现在风靡市场、价格昂贵的拼插玩具。

有些民间玩具是在户外呼朋引伴大家一起玩的，如竹马、陀螺、毽（jiàn）子、空竹、铁环、投壶、秋千、斗草、风筝等。相对于一个人玩的电子玩具来说，这些民间玩具更需要孩子们之间的合作。孩子们在一起玩儿的乐趣总是无穷的。在游戏中，大家结识了新伙伴，开发了新玩法，这样的童年才不孤单。

有些玩具根本不需要花钱买，它是大自然给予孩子们的礼物。比如“斗草”，只不过很多人不知道这个名字。但说起“拔根儿”来，大家一定很熟悉。以叶柄相勾，捏住相拽，断者为输，这种玩法就是斗草，又被称为“武斗”。斗草除了“武斗”外，还有“文斗”。所谓“文斗”，就是以花草名对对子，孩子们采来百草，以对仗的形式互报草名，谁采的花草种类多、对仗的水平高、坚持到最后，谁便赢。《红楼梦》中就有一段关于“斗草”的精彩描写：这个说，“我有观音柳”；那个说：“我有罗汉松。”那一个又说：“我有君子竹。”这一个又说：“我有美人蕉”……可见玩这种“文斗”游戏没点植物知识和文学功底是不行的。

有些玩具现在已经不再是儿童的专属了，成年人的热情比孩子还高，比如放风筝。如今的公园里，空旷的草地上，总能看见人们放风筝的身影。听他们介绍，这不仅能练眼力还治颈椎病呢。风筝又叫“纸鸢（yuān）”，至今已有2000多年的历史。相传中国最早出现的风筝是用木头做的，后来又用更轻的竹子替代。在发明了纸张以后人们以纸代木，称为“纸鸢”。到了五代时，人们又在纸鸢上系上竹哨，放飞时，其声如筝[2]鸣，因此又称为风筝。现在公园里放风筝呈现的是一片祥和景象，然而，你知道吗，风筝最开始是用在军事上的，如梁武帝放风筝求援，宋军用风筝携带炸药杀伤敌军等。唐宋之后，放风筝才逐渐成为民间的娱乐活动，尤其深受儿童喜爱。“儿童散学归来早，忙趁东风放纸鸢”便是其真实写照。张择端的《清明上河图》、苏汉臣的《长春百子图》里都有儿童放风筝的生动画面。风筝制作起来很简单，旧时的小孩子都会用竹篾（miè）和纸糊一个简单的风筝，这样的风筝被戏称为“屁帘儿”。风筝中也有精品，风筝制作也是一门艺术。《红楼梦》的作者曹雪芹对风筝有相当深的研究，他也是风筝制作的高手。

颐和园长廊彩画故事“香菱斗草”

《风筝》特种邮票（图案选自曹雪芹的《南鹞（yào）北鸢考工志》）

有一些玩具今已不见，比如“竹马”。“郎骑竹马来，绕床弄青梅”中的竹马是一种竹子做的玩具，典型的式样是一根竹竿，一端有马头模型，另一端拖着带竹叶的长长“尾巴”，人跨立在上面，把它假作马骑。“马儿好，马儿跑，我的马儿不吃草”，小朋友骑着竹马，你追我赶，口中吆喝着，好不热闹。现在在城市中竹子已经不常见，竹马也就逐渐消失了，只留下脍炙人口的那句成语“青梅竹马”了。

有些玩具由于是手工制品，制作精美，数量少，已经成了艺术摆件，不再是孩子能把玩的对象了，比如“北京鬃人”。北京鬃人始创于清朝末年，距今已有一百多年的历史。北京鬃人是受皮影戏和京剧影响而产生的，人物造型的身高约为 9 ~ 16 厘米，做好的鬃人统一

丰子恺漫画《郎骑竹马来》

摆放在铜盘上。鬃人的底部粘有一圈鬃毛，具有弹性，在敲打铜盘的时候，可以带动鬃人有节奏地转动。鬃人的题材多选自戏剧中的武生。在人们敲击铜盘时，鬃人可以左右旋转、行走、碰撞、对打，看似一台生动的舞台演出，所以旧时的北京人也称它为“盘中好戏”。目前北京鬃人已经获得北京市级非物质文化遗产认证的保护。

我国民间玩具历史悠久、种类繁多，有着独特的艺术魅力，传承着中国的传统文化，希望这些民间玩具能多多陪伴在孩子们身边。

词语注释

[1] 赏心悦目：指看到美好的景色而心情愉快。悦目：看了舒服。

[2] 筝：古老的汉民族弦乐，属弹拨乐器。在汉族传统乐器中，古筝音色优美、音域宽广、演奏技巧丰富，具有相当的表现力，因此它深受民众的喜爱。

北京鬃人

阅读延伸

1. 你是民间传统玩具的支持者吗？请你结合本文说一说。
2. 你玩过哪些民间玩具？请你说一说。
3. 你动手制作过玩具吗？你是怎么做的？请你写一写。

强大的“九”

“九”历来是中国人偏爱的数字。虽说只是一个数字，但可别小看它，它的背后有着好几种不同的含义。

“九”与“久”谐音，表示长久之意，因此人们在选择吉日、选择号时都喜欢选这个数字。小伙子会送给心爱的姑娘九朵或九十九朵玫瑰，希望感情可以天长地久。民间有“饭后百步走，能活九十九”的说法，其实没有人在意是否真的能活到九十九岁，只不过是取其长久之意，讨个吉利的说法罢了。

“九”与我国的节令有关，数九是我国冬季的民间习俗。“一九二九不出手，三九四九冰上走，五九六九沿河看柳，七九河开，八九燕来，九九加一九，耕牛遍地走。”这是我们耳熟能详[1]的《数九歌》。数九是从冬至开始数起，这时候民间有画《九九消寒图》的习俗。为什么要数“九”呢？为什么不数二、三、四、五、六、七、八呢？这与中国传统哲学中的阴阳有关。传统哲学认为，阳气生长阴气就消亡，九为阳数之极，所以人们以九天为一个阶段进行推算，经过了九个九天的阳气的逐渐积累阴气日渐消减，累积到第九个九天，就冬去春

《九九消寒图》

北京北海公园里的九龙壁

来了。农历九月九日为我国传统的重阳节，这个节日的由来与《周易》有很大关系。《周易》是中国最古老的经典著作之一，历来被尊为六经之首，对中华民族的文化有着深远影响。《周易》认为二，四，六，八为阴数，一，三，五，七，九为阳数，其中九是阳数中最大的数字，具有吉祥的寓意。因为两个九相重，故而叫重阳，古人认为这是个值得庆贺的吉利日子，早在战国时期重阳节就已经形成。到了唐代，重阳节被正式定为民间的节日，在这一天，人们祭祖登高，饮菊花酒。唐诗宋词中有不少反映重阳节的诗词佳作，如《九月九日忆山东兄弟》："独在异乡为异客，每逢佳节倍思亲。遥知兄弟登高处，遍插茱（zhū）萸（yú）少一人。"

九有极限的含义。在汉语中，凡形容极高、极大、极广、极远的词语，几乎都与“九”有关。例如，天很高，便称“九天”“九霄”“九重天”；地很大，便称“九州”“九垓（gāi）”；地很深，便称“九泉”。这些词在文学作品中经常能够看到，比如“一封朝奏九重天，夕贬潮阳路八千”“飞流直下三千尺，疑是银河落九天”“可上九天揽月，可下五洋捉鳖（biē）”等。

“九”有尊贵之意。在中国传统文化中，“十”是满盈之数，“十全十美”虽好，但也有“水满则溢，月满则亏”之忧，这就是物极必反的道理。而“九”则永远呈上升趋势，因此“九”被看成是至尊之数，为帝王所专用。比如，皇帝被称为“九五之尊”，臣子对皇帝要“三拜九叩”。皇宫等重要建筑，多用“九”或“九”的倍数。如北京北海公园里有“九龙壁”，北京天坛公园里的祈年殿每层有108根石栏，皇家使用的器物也多与“九”有关，如：“九龙杯”等，连紫禁城午门、神武门、西华门三门上的门钉都是九行九列，共81颗。

邮票上的北京天坛公园的祈年殿

“九”是阳数中最大的数字，因此“九”代表着强大、了不起。“九转紫金丹”是传说中的仙丹，能治疗人体一切病痛伤患，凡人吃了能容颜永驻、长生不老。“九天玄女”是中国古代神话中的女神。《九阴真经》是金庸小说中的上乘武功秘籍。九尾狐是《山海经》中记载的神兽。“九”的倍数也很强大，如《西游记》里唐僧取经要经过“九九八十一难”；曹雪芹的《红楼梦》是108回，施耐庵的《水浒传》中梁山好汉是108人。

“九”有时也表示数量很多之意。如“九牛一毛”“十拿九稳”“十室九空”“九死一生”“回肠九转”“九曲黄河万里沙”等。

小小的一个“九”字竟有如此多的含义，我们不得不叹服中国汉字承载语意的强大能力。可见强大的不只是“九”，更是我们中国的汉字。

词语注释

[1] 耳熟能详：指听得多了，能够说得很清楚、很详细。

阅读延伸

1. 本文中出现了很多有关“九”的成语，请你试着找出来。

2.《九九消寒图》

人们从冬至那天起就开始“数九”了。在冬至，北方民间有画《九九消寒图》的习俗。《九九消寒图》是一幅描红书法，共有九个字。如“亭前垂柳珍重待春风”，这九个字均为繁体字，每个字九画，共九九八十一画，从冬至开始每天按照笔画顺序描红一个笔画，直到九九之后春回大地，一幅《九九消寒图》才算描完。此外，也有些《九九消寒图》采用图画的形式，也称作“画九”。在白纸上绘制九枝寒梅，每枝九朵，共九九八十一朵，每朵对应一天。画完这八十一朵梅花，春天也就来临了。请你也来设计一幅《九九消寒图》吧。

司晨

《三字经》中有这样一句“犬守夜，鸡司晨”，司晨指的是雄鸡报晓。公鸡自古以来就被人们当成报时的活钟表，金鸡报晓是深受民间喜爱的剪纸题材。“鸡”与“吉”谐音，加之公鸡善捕害虫，是五毒之一蜈蚣的天敌，因此公鸡常作为吉祥的象征，在表现大吉大利、吉祥如意的图案中，常常能看见公鸡的身影。公鸡头上顶着一个大红冠子，非常显眼，而“冠”又与“官”谐音，因此在表现升官发财的吉祥图案中自然也少不了它。人们对公鸡很是喜爱，尤其是白马藏族把白色雄鸡奉为神鸡，喜欢把白色雄鸡尾羽插在帽子上作为帽饰。公鸡形象鲜明，也备受小朋友们的青睐（lài）[1]，在泥玩具、布玩具、竹木玩具中都有公鸡的形象。

民间剪纸《雄鸡报晓》

邮票上的泥公鸡形象

民间相传公鸡有五德：它头上有冠，是文德；足后有距能斗，是武德；敌前敢拼，是勇德；有食物招呼同类，是仁德；守夜不失时，

汉代画像砖拓片《斗鸡图》

天明报晓，是信德。公鸡被赋予了这么多的优秀品德，足见人们对公鸡的喜爱。

公鸡具有好斗的天性，人们很早就把"斗鸡"作为一种娱乐活动，这一活动最早见于《左传》的记载。到唐朝时，斗鸡已经十分盛行，不仅在民间设有斗鸡场，就连皇上也喜欢斗鸡。据说唐玄宗不惜花费重金，在宫廷中建造了一个豪华的鸡坊，还派人专门养鸡，作为斗鸡之用，可见唐代斗鸡风气之盛。后来这一风气传到日本，并在日本流行开来。

现代通信非常便捷，有快递，还有手机、电子邮件等。但是，在通信落后的古代，被认为最快的信件，恐怕非鸡毛信莫属了。"鸡毛信"的前身是"羽檄（xí）"[2]，早在秦汉时期就已出现。在战事紧急时，人们会把鸡毛插在书信上，表示信件内容十万火急，送信之人必须快马加鞭迅速传递。

鸡有不同的品种，其中有一种拖着长长尾羽的野鸡，非常漂亮，在古代被称为雉（zhì）。爱美的女子甚至把"雉"作为自己名字的一部分，这其中最出名的人当属汉高祖刘邦的皇后吕雉了。锦鸡是雉的一个品种，它的形象经常出现在画家的笔下。宋徽宗赵佶（jí）的名画《芙蓉锦鸡图》，是我国历代名画中的精品。这种锦鸡的形象还出现在明、清两代的官服之上，明、清两代二品文官的补子[3]上绣的就是锦鸡。

说起美味佳肴来，鸡是不可缺少的。早在上古时期，菜肴中就有了鸡，只不过是从山中猎取的野鸡。我国在战国时期就有了养鸡的记载。《孟子·梁惠王上》中有"鸡豚（tún）狗彘（zhì）之畜，无失其时，七十者可以食肉矣"这样的话，它的意思是，饲养鸡、猪和狗一类的家畜不要错过它们的繁殖时节，这样七十岁的人就可以有肉吃了。在

宋徽宗赵佶的《芙蓉锦鸡图》

绣有锦鸡的清代二品文官补子

漫长的历史长河中，随着人们烹饪技术的提高，各地形成了许多关于鸡的特色菜，比如叫花鸡、广东白斩鸡、德州扒鸡、道口烧鸡、四川口水鸡、新疆大盘鸡、云南汽锅鸡、重庆烧鸡公等。

鸡不但可以吃，还可以入药。鸡内金是鸡肫（zhūn）的内皮，中医用它来治疗消化不良等症，效果极佳，故而以“金”命名。有一种鸡叫乌鸡，因为它的皮肤、肌肉、骨头和大部分内脏是乌黑的而得名。用它制成的乌鸡白凤丸是妇科养气补血的良药。

鸡对人类的用处可真大啊！

词语注释

[1] 青睐：表示对人喜爱或尊重。

[2] 羽檄：上面插有鸟羽的古代军事文书，以示紧急，必须迅速传递。

[3] 补子：清代官员在朝服的前胸后背处分别装饰一块方形的图案，叫补子，它是用来区分官爵大小的。文官的补子上绣的是飞禽，武官的补子上绣的是猛兽。比如，一品文官的补子上绣的是仙鹤，一品武官的补子上绣的是麒麟。

阅读延伸

1. 呆若木鸡和闻鸡起舞这两个成语故事你们听说过吗，谁能给大家讲一讲？

战国时，齐国有一个特别会训练斗鸡的人，名叫纪（shěng）子，他训练的斗鸡一上场，无论对方多么的气焰嚣张，它都像是木头做的，一动不动。那些盛气凌人的斗鸡看到它的那副镇定之态，反而都吓跑了。这就是“呆若木鸡”这个成语的出处。

2. “铁公鸡——一毛不拔”是句家喻户晓的歇后语。它是什么意思，你能用自己的话说一说吗？

3. 与鸡有关的成语相当多，比如：鸡飞狗跳、偷鸡摸狗、鸡鸣狗盗、鸡飞蛋打、杀鸡儆猴等，你还能再说出一些吗？

4. 佳句欣赏

“鸡声茅店月，人迹板桥霜。”是温庭筠（yún）的《商山早行》中的著名诗句。“鸡声茅店月”这一句描写可谓声情并茂，旅客于雄鸡报晓、月亮还挂在天上的时候上路，可算是走得够早了，然而已经是“人迹板桥霜”了。这真是“莫道君行早，更有早行人”，早行的情景写得非常生动，真是千古佳句啊。

读一读，填一填：这两句诗中含有哪六种景物？

鸡声　茅店　____　____　____　____

四合院中的花花草草

现在的北京已经很少有四合院了，取而代之的是鳞次栉（zhì）比[1]的高楼大厦。在过去，北京的居民大都是住在四合院里的。为什么叫“四合院”呢？因为它是由东、西、南、北四面房子围合起来的，形成一个“口”字形。无论外面的世界多么喧嚣（xiāo）[2]，把院门一关起来，自成一个幽静的小天地。夏日，坐在院子里的葡萄架下乘凉，沏一壶茶，看天上的鸽群飞过，鸽哨声久久回荡在耳畔。啊，这是多么惬（qiè）意[3]的生活啊！老人侍弄着小院中的花草，孩子们在院子里追逐嬉戏，惹得小狗也跟着叫，这是过去四合院中常见的生活图景。

四合院虽为民居建筑，却处处体现着民俗、民风和传统文化，如窗棂上由蝙蝠、寿字组成的“福寿双全”图案、花瓶内安插月季花的“四季平安”图案、嵌于门头上的吉祥词语、附在檐柱上的抱柱楹联等，尤其是四合院内生机盎然的花木盆栽，更显现出人们对美好生活的追求。四合院的院子中有空地，是植树栽花的最佳场所，而栽什么花木可是非常有讲究的，每种植物都代表了特殊的寓意，体现了我们国家丰富多彩的民俗文化。让我们逐一了解一下吧。

院子大的人家喜欢种植柿子树，“柿”与“事”谐音，它的寓意是“事事如意”。早在汉代，著名宫苑“上林苑”中就植有柿树。古人认为柿树有“七绝”：一是多寿，柿树的生命力极强，百年的老树仍虬（qiú）枝葱茏，因此古人又称柿树为“凌霜长者”；二是多荫，柿树浓荫蔽日，树下是夏日乘凉的好去处；三是无鸟巢；四是无虫蠹（dù）；五是霜叶可玩；六是佳实可餐；七是柿叶可以临书[4]。除了古人这“七绝”之外，还可以增加一个第八绝——冬景可观。到了初冬季节，百木凋零，唯有柿子树上高高的挂满了一个个红彤彤的柿子，远远望去，就像一个个小灯笼，又喜庆又好看。再想想它的甜美多汁，总是让树下的小朋友馋得流口水，央求大人摘下来一个。胡同里若是谁家有一棵柿子树啊，那可不得了，整个胡同的小朋友都得天天跟在那一家的小朋友后面跑。

有的人家喜欢种植梧桐树。一是这种树的树干比较光滑，很干净，不容易招虫；二是它的树叶是巴掌型的，很漂亮。最重要的是，民间有“梧桐引来金凤凰”的传说，有着美好的寓意。

槐树和枣树也是北京人喜欢种植的树木。《周礼》中记载着“三槐九棘（jí）”的制度，周代人们在举行朝拜仪式的空场上分左右两列各种有九棵枣树（古称棘），正面种上三棵槐树，作为官员站队的标志。后人便以棘和槐代指朝廷中的高位，如“位极三槐”。因此，一些希望子孙能读书做官的老北京人家，总是在院子里种植槐树。在北京宋庆龄故居里，也有一棵高大的古槐，因其枝叶茂盛，像一只美丽的凤凰而得名“凤凰槐”。枣树是“北方佳木”，因其“外表多荆棘，内中实赤心”，所以在爱国人士的院中多有种植。

有的四合院里种有竹子，取“竹子开花节节高”的寓意。人们把梅、兰、竹、菊称为“四君子”，在院子里种竹子，也象征着主人的君子风度。

读书人的家里喜欢种紫藤，大多种在四合院的西南角。北京有许多树龄过百的紫藤。纪晓岚的故居里就有这样一棵，据说是当年纪晓岚亲手种植的。这棵紫藤有二百多岁了，至今还年年能开花。

北京宋庆龄故居的“凤凰槐”

有的人家还会搭架子种葫芦。因为“葫芦”与“福禄”谐音，所以有吉祥之意。看着一个个可爱的小葫芦慢慢长大，是不是很有生活情趣呢？个头大的葫芦劈成两半，可以做舀子。个头小的可以上漆或做烫画，小葫芦就这样摇身一变成为了漂亮的工艺品。

清代有句俗语：“天棚、鱼缸、石榴树，老爷、肥狗、胖丫头。”这是四合院生活比较典型的写照。石榴树是四合院中的常见植物。石榴多籽，象征多子多孙。北京冬天的天气比较寒冷，石榴树不能像南方那样种在露天里，因此大多为盆栽。中秋节前后，石榴结果了，一个个石榴咧开了嘴，露出了里面水晶似的果实，为秋天增加了一抹亮丽的色彩。

小户人家的四合院，由于面积比较小，庭院里种不了树，就养点盆栽花草，常植的有月季、草茉莉、凤仙花、牵牛花、夹竹桃等，也是一年四季花开不断。小姑娘家里是一定要栽凤仙花的，因为可以用这种花的红色汁水染指甲，别有一番情趣。

民间习俗中四合院里不种松柏和杨柳。松柏虽然冬夏常青，却多植于寺庙和皇家陵墓旁。北京的许多庙坛都有很古老的松柏，如天坛、地坛、孔庙等。四合院中也没有种杨树的，因为“白杨多悲风”，终日响动不已。民间还有种说法：“前不栽桑，后不栽柳”。“桑”与“丧”谐音，因此民间风俗不栽桑树。不栽柳树的原因有多种。其一，柳枝柔美而亲水，容易让人联想到“水性杨花”；其二，春天柳絮纷飞扰人，秋日柳叶易落，不易打扫；其三，在春秋时期，“庶人无坟，树以杨柳”，平民百姓不可以造坟墓，仅可以在埋葬地点种植杨柳作为标志。由于以上种种，人们在住宅植树时对柳树往往敬而远之。另外，四合院中也不种梨树，因为“梨”与“离”谐音。人们忌讳分离，总喜欢热热闹闹地聚在一起，老少同堂，让小院永远充满欢声笑语。

词语注释

[1] 鳞次栉比：像鱼鳞和梳子齿那样有次序地排列着。多用来形容房屋或船只等排列得很密很整齐。栉：梳篦的总称。

[2] 喧嚣：声音大而嘈杂，吵闹。

[3] 惬意：心里满足而感到畅快。

[4] 柿叶可以临书：这是一个动人的故事。唐玄宗时，有个叫郑虔的穷书生，穷得连练字的纸张都买不起，就以柿叶为纸临书作画。经过一番苦练，他的柿叶字画很受人们的赏识，连唐玄宗都御笔题赐“郑虔三绝”以示褒奖。古代取柿叶练字者远不止郑虔一人，南宋诗人杨万里亦然。他在《食鸡头子》里有这样的诗句：“却忆吾庐野塘味，满山柿叶正堪书。”

阅读延伸

1. 除了北京的四合院外，中国的民居还有福建的土楼、湘西的吊脚楼、陕北的窑洞等，你还知道哪些？请你说说吧。

邮票上的中国民居

2. 你所在的校园中、社区里都有哪些植物？有了这些植物的点缀你觉得你的校园、社区美吗？你生活在其中，感觉到一年四季的景色有什么不同？

请你写一写。

3. 有关植物的名家、名篇有很多，比如周敦颐的《爱莲说》、茅盾的《白杨礼赞》、杨朔的《香山红叶》、郭沫若的《石榴》、王鲁彦的《故乡的杨梅》、汪曾祺的《葡萄月令》等。请你找来给同学们读一读。

4. 北京现存的有名气的四合院大都是名人的故居，去参观的时候，请你重点留意故居中的古树，比如纪晓岚故居中的古藤萝、梅兰芳故居中的“梅园古柿”、鲁迅故居中的枣树、老舍故居中的“丹柿”、宋庆龄故居中的“凤凰槐”、郭沫若故居中的“妈妈树”等，在参观的同时一定要多拍几张照片，回来给同学们讲一讲。

纪晓岚故居中的古藤萝

郭沫若故居中的“妈妈树”（银杏树）

万能的手

说到手，你眼前浮现的会是谁的手呢？是奶奶为你洗衣做饭的粗糙的手？是妈妈把你从地上扶起抹去眼泪的温柔的手？是老师为你批改作业时粘着粉笔末的辛勤的手？是《西游记》中孙悟空永远也逃不出的如来佛祖的神奇的大手？是千手观音[1]千眼千臂的奇妙的手？还是自己的这双爱翻书籍的小手？我们都有一双万能的手。

手可以进行劳动。如果一个人劳动经验丰富，人们会称赞他为“一把好手”“劳动能手”“行家里手”等。

手可以进行艺术创造。我国劳动人民心灵手巧，手上有一把绝活的不在少数。大到万里长城的修建，小到核桃舟的雕刻，更不用说建

［清］陈祖章的《东坡夜游赤壁》橄榄核舟（该微雕呈稍深的橘红色，高 1.6 厘米，长 3.4 厘米，宽 1.4 厘米）

筑、绘画、书法、雕塑、刺绣、编织、剪纸等，哪一项也离不开手，是手创造了诸多艺术奇迹。

手可以助人。“予人玫瑰，手有余香”，在别人有困难时，我们会伸出援手，决不袖手旁观。在古代很多习武之人讲究“路遇不平，出手相助”。《水浒传》中武松赤手空拳打死了景阳冈的猛虎，为民除害；鲁智深三拳两脚打死了镇关西，百姓都拍手称快。

手可以练成绝世武功。“行家功夫一出手，就知有没有”，中国功夫讲究手上的变化，无论是现实中的南拳、一指禅、大小擒拿手，还是武侠小说中的降龙十八掌、兰花拂穴手，手上的功夫变化多端。

手可以用来交流。聋哑人依靠手语也就是打手势与他人进行沟通。如果你在参观寺庙时仔细观察，你会发现寺庙中的佛像有着不同的手势，有的指端下垂，有的掌心向外，向人们表达了不同的佛法教义。我国的禅宗[2]讲究“不立文字，直指人心”，师傅有时会用手势来教化弟子。

手可以表示问候。现在的人们见面时会伸出右手相握，这是一种由西方而来的握手礼。在古代，人们用拱手作揖来表示问候，一些习武之人会用抱拳的方式来打招呼，佛家弟子与人问候时会双手合十。

古代拱手礼

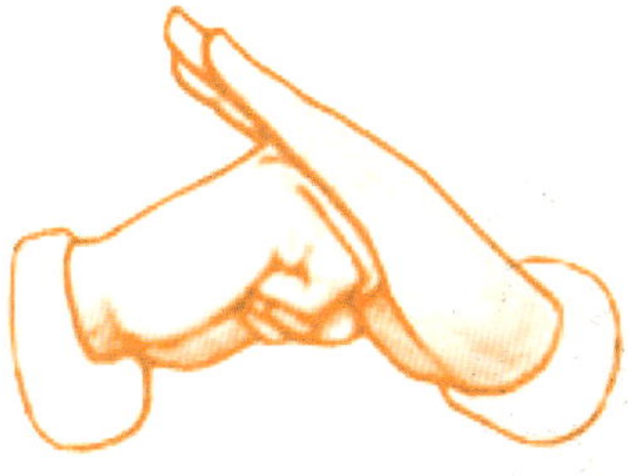

中华武术中的抱拳礼

佛家的合十礼

手可以表露人的心情。人们在高兴时会“手舞足蹈”，在愤怒时会双拳紧握，激动时会“摩拳擦掌”，喜欢一样东西时会“爱不释手”，焦急时会“搓手顿足”，紧张时会“手足无措”。

手可以谈生意。在过去买卖马、牛、羊这类牲口时，人们不是大声地讨价还价，而是买卖双方和中介人在袖子里通过拉拉手、捏捏指头来讲价钱。古时候的衣服袖子宽大，胳膊下垂时手不露出，因此能把手藏在袖子里。这样讲价钱的好处是旁人不知道交易价格，不会把生意抢走。后来人们的服装发生改变，大袖子改成小袖子了，有些人就在手上搭块布遮挡着讲价钱。这样的做法，据说现在在边远地区还在流行。

手可以测量重量和长度。最早的度量衡单位都与人体有关，比如“布指知寸，布手知尺”等。我们现在生活中还会用到“一拃（zhǎ）长”这个概念，张开大拇指和中指，这两指端的距离就是“一拃长”。在针灸按摩时，要想找准穴位，也要用到患者的手进行测量。以患者自己的拇指指关节的长度作为一寸，以患者的食指、中指、无名指和小指并拢的宽度作为三寸。按患者自己量出的长度单位去寻找穴位，这就是中医的同身寸的概念。手除了可以丈量外，还可以用来感觉物体的重量，有生活经验的人把物体放在手上掂（diān）一掂就能大概估出有多重，如已故的北京百货大楼糖果柜台的售货员张秉贵，练就了“一抓准”的本领，不管顾客要买几斤几两的糖，他都能一把抓准糖果的分量。

手可以进行模仿。你一定看过手偶表演吧，十个指头是演员，两

京剧中常见的甩水袖，以此来延长和放大人物的手势

邮票上的傣族孔雀舞

只手就能演一台戏。京剧旦角在表演中经常使用优美的“兰花指”，孔雀舞则依靠手部的动作模仿孔雀灵活的头部。手还可以模仿很多东西。你玩过手影游戏吗？依靠两只手的配合，在墙壁上能投影出很多图案，比如小狗、老鹰、螃蟹……真是惟妙惟肖。

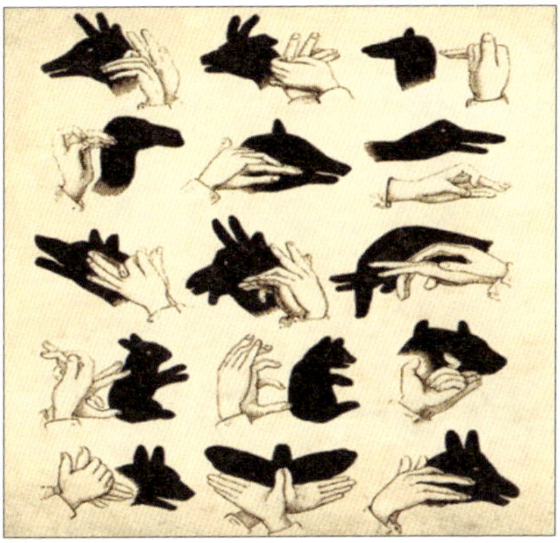

千姿百态的手影

手能够做的事情还有很多，我们都有一双万能的手，要好好爱护它，发挥它的创造力吧。

词语注释

[1] 千手观音：传说观世音菩萨发誓要普度一切众生，于是生出千手千眼。现在的千手观音造像并非真塑有一千只手臂和一千只眼睛，而是采取变通的办法，除本身双手双眼外，再加左右各二十只手，每一只手的手心各有一眼，以这四十只手和眼象征千手千眼。

[2] 禅宗：我国佛教宗派之一，以印度菩提达摩为初祖。由达摩而慧可、僧璨、道信，至第五世弘忍门下，分成北方神秀的渐悟说和南方慧能的顿悟说两宗。

阅读延伸

1. 本文中出现了哪些有关手的成语，请你划出来。你还知道哪些关于手的成语，请说说吧。
2. 我们的手除了写字外，还能做很多事情，比如，帮妈妈洗菜，给奶奶捶背，把摔倒的小朋友扶起来等。你动手做过哪些让你自豪的事，请写一写。

先花后叶

大多数植物都是先长叶后开花,但也有少数植物是先开花后长叶。北京的春天，先开花后长叶的植物有迎春、山桃、山杏、广玉兰、海棠树、梨树、腊梅等。

迎春花是春天最早开的花,这与它的名字“迎春”很相符。迎春花在早春凛冽（lǐn liè）[1]的寒风中绽放出一串串金黄色的小花，给清冷的早春带来一派盎然的春意。文学作品中以迎春花入名的著名人物当属《红楼梦》中的二小姐贾迎春了。

桃花是春天最常见的花，自古以来就受到人们的喜爱。很多著名的诗句中都提到它，比如“人面不知何处去，桃花依旧笑春风”“山桃溪杏两三栽，为谁零落为谁开”“桃花潭水深千尺，不及汪伦送我情”“西塞山前白鹭飞，桃花流水鳜鱼肥”“人间四月芳菲尽，山寺桃花始盛开”等。若论含有桃花最多的诗句当属唐伯虎的《桃花庵歌》了：“桃花坞里桃花庵，桃花庵下桃花仙。桃花仙人种桃树，又摘桃花换酒钱。”这两句诗中竟然出现了六次桃花！在很多文学作品中也不乏桃花的身影，比如《三国演义》中的第一个故事“桃园三结义”。刘备、关羽和张飞在桃花盛开的桃园焚香结拜为兄弟，不求同年同月同日生，但求同年同月同日死的感人场景，给人留下了深刻的印象。《桃花扇》中的扇子是男女主人公之间的一件定情信物，剧中人物根据扇子上溅的血点勾勒出一树桃花，因而扇子被命名为桃花扇。“黛玉葬花”是文学名著《红楼梦》中的经典片段，“柳丝榆荚自芳菲，不管桃飘与李飞”从诗中可知黛玉葬的花是桃花和李花。陶渊明在《桃花源记》中描写的桃花源“芳草鲜美，落英缤纷[2]”，千百年来，引发了人们对世外桃源的向往与探寻。

杏树也是早春先花后叶的植物，但在北京杏花并不多见。杏花是什么颜色呢？叶绍翁在《游园不值》中有“春色满园关不住，一枝红杏出墙来”的描写，可见杏花是红色的。可是在王维的《春中田园作》中亦有“屋上春鸠（jiū）鸣，村边杏花白”的诗句，这里的杏花分明是白色的。这是怎么回事呢？原来杏花在生长过程中是有颜色变化的，杏花含苞的时候是红色的，开放以后颜色逐渐变淡，最后几乎变成了白色，这深深浅浅的颜色备受诗人们的喜爱。“红杏枝头春意闹”“小楼一夜听春雨，深巷明朝卖杏花”“借问酒家何处有，牧童遥指杏花村”，淡雅的春意跃然纸上[3]。杏树在历史上与教师及中医师这两种职业有关，“杏坛”是指“孔子讲学的地方”，现在也多指教书授课的地方，“杏林”是中医界的代称，人们用“杏林春暖”“誉满杏林”来赞誉那些医道高明或医德高尚的人。

海棠花艳丽娇美，素有“花中神仙”之称，在皇家园林中常与玉兰、牡丹、桂花相配植，形成“玉棠富贵”的寓意。海棠的娇艳激发了古人赏花的热情，赏花人不仅不分晴雨，也不分昼夜。“只恐夜深花睡去，故烧高烛照红妆。”宋代马麟的《秉烛夜游图》真实地再现了人们秉烛夜游赏海棠的情景。“试问卷帘人，却道海棠依旧。知否？知否？应是绿肥红瘦。”雨后的海棠，落花飘零，惹得词人李清照无限伤感。

［宋］马麟《秉烛夜游图》

北京大觉寺的古玉兰，树龄已经超过三百年了，是京城现存最古老的玉兰树。每逢初春，寺内的几株玉兰花盛开，满树白花，分外清丽，把深山古刹（chà）点缀得古色古香。玉兰花的花骨朵又称辛夷（yí），

北京大觉寺的古玉兰

可以入药，治疗风寒头痛，鼻塞流涕。辛夷还可以用来制作老北京特有的民间艺术品——毛猴。制作完成的"毛猴"高三四厘米，浑身布满密密麻麻的棕色或白色的细绒毛，简直就是真毛猴的微缩版。它们形态逼真，被三五成群的摆放在一起，模仿人的行为，有抬轿子的，有坐沙发上读书看报的，还有凑一桌打麻将的，真是生动有趣，令人捧腹[4]不禁。

梨花以洁白闻名。"忽如一夜春风来，千树万树梨花开"，诗人把枝头上的落雪比喻成梨花，可见梨花之白。美女的皮肤白皙（xī）细嫩，宛如梨花娇嫩的花瓣，"梨花一枝春带雨"常用来形容美女哭泣时楚楚动人的样子。

梅花是坚强、高雅的象征，与兰、竹、菊并称为"花中四君子"，还与松、竹并称为"岁寒三友"，常常成为诗人们歌颂的对象。比如"墙角数枝梅，凌寒独自开""梅花香自苦寒来""梅须逊雪三分白，雪却输梅一段香""玉楼金阙(què)慵(yōng)归去，且插梅花醉洛阳""故人早晚上高台，寄我江南春色一枝梅"等。梅花自古以来就被认为是最有气节和傲骨的花。宋代的林逋（bū）隐居西湖边的孤山，种植梅花饲养仙鹤。传说他以梅为妻，以鹤为子，人称"梅妻鹤子"。他写下了不少咏梅佳句，其中"疏影横斜水清浅，暗香浮动月黄昏"一句最为有名。"梅"与"眉"谐音，民间常常将喜鹊画在梅花枝头，组成了"喜上眉梢"的吉祥图案。古代还有在《九九消寒图》上画梅花的习俗。

北京毛猴

谁说鲜花必须绿叶配？文中的这些植物都是先开花后长叶的，在没有绿叶的衬托下，那满树的繁花同样给人们带来了盎然的生机和无尽的遐想。

寓意为“喜上眉梢”的剪纸

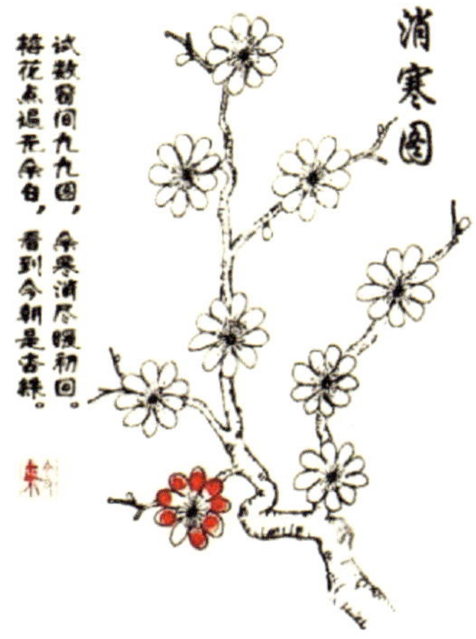

以梅花为图案的《九九消寒图》

词语注释

[1] 凛冽：形容极为寒冷。

[2] 落英缤纷：形容花瓣纷纷飘落的美丽情景。

[3] 跃然纸上：活跃地呈现在纸上。形容文学作品叙述描写真实生动。

[4] 捧腹：捧着肚子。形容大笑。

阅读延伸

1. 梅雨季节出现在我国长江中下游地区，在每年 6 月中下旬至 7 月中上旬都会出现持续阴天有雨的气候现象。由于这时正是江南梅子的成熟期，故称其为“梅雨”，这一时段便被称作梅雨季节。“一川烟草，满城风絮，梅子黄时雨”“黄梅时节家家雨，青草池塘处处蛙”，这些诗句中描写的时节就是梅雨季节。

2. “青梅煮酒论英雄”是《三国演义》中的精彩篇章，请你找来原著读一读，讲给大家听一听。

3. 古琴曲《梅花三弄》又名《梅花曲》，是中国古典乐曲中表现梅花的佳作，早在唐代就在民间广为流传。全曲表现了梅花洁白芳香、凌霜傲雪的高尚品格。请你找来听一听，和大家分享一下你的感受。

现在几点啦

现在几点啦？如果被问到，你的第一反应是什么？一定是先看看表，然后回答几点几分吧。钟表是在明朝的万历年间传入我国的，它是由意大利传教士利玛窦（dòu）来中国传教时作为贡品带进中国的。当时的钟因为能够按时自动鸣响，便称为“自鸣钟”。

在北京故宫的交泰殿内，设有一座自鸣钟，这是清嘉庆年间制造的。从那时起，皇宫里的时间都以此为准。这座自鸣钟高约6米，是中国现存最大的古代座钟，虽然已经过去二百多个年头，却仍能正常准确地打点报时，声音清脆洪亮，由此可见它的制造工艺非常精良。最初，自鸣钟只是皇亲贵族才能享有的屋内摆设，平民百姓是闻所未闻、见所未见的。《红楼梦》中就有这样一段关于刘姥姥初进荣国府第一次见到自鸣钟时的精彩描写：刘姥姥只听见咯当咯当的响声，大有似乎打箩柜筛面的一般，不免东瞧西望的。忽见堂屋中柱子上挂着一个匣子，底下又坠着秤砣般一物，却不住地乱晃。刘姥姥心中想着：“这是什么爱物儿？有煞用呢？”正呆时，只听得当的一声，犹如

北京故宫交泰殿里的大自鸣钟

金钟铜磬（qìng）一般，不防倒唬的一展眼。接着又是一连八九下。自鸣钟在乡下老太太眼中的稀奇模样被作者刻画得淋漓尽致[1]。直到清朝末年，自鸣钟还只是有钱有权人家的摆设，钟表的真正普及是在近 100 年内才做到的。

在没有钟表的古代，人们是怎么知道精确的时间呢？聪明的中国人发明了两种计时工具，一是“日晷（guǐ）”，二是“铜壶滴漏”。说起日晷，大家也许在北京故宫里或古观象台上见过，它通常由铜制的指针和石制的圆盘组成，圆盘上刻有刻度，当太阳照射到指针上时，人们通过读出指针投射到圆盘上的影子所对应的刻度来知道时间。俗话说：“一寸光阴一寸金，寸金难买寸光阴”，这里的“一寸光阴”指的就是晷盘上晷针的影子移动一寸距离所耗费的时间，这个时间虽然很短，却是用多少黄金都买不到的，说明了时间的宝贵。

形容时间极其宝贵的成语还有“一刻千金”。“一刻”是多长时间呢？这还要从铜壶滴漏说起。据记载，这种计时法在春秋以前便开

北京故宫太和殿前的丹陛上陈设的日晷

北京故宫交泰殿内的铜壶滴漏

始采用了。铜壶滴漏是在铜制的容器内盛上水，壶底部开有一个小孔，水从孔中一滴一滴的漏出，同时壶内的水面随之均匀地、缓慢地下降。铜壶内有一支从底部直伸到水面的木箭，当时的人们将一天分为100刻，因此箭杆上刻有100个刻度，用以计时。水面降到哪个刻度，就可以直接读出相对应的时间。我们知道，一天有1440分钟，如果按上面说的计时方法计算，那么一刻约等于现在的十五分钟，十五分钟不算长却很宝贵，千金难买，因而人们用“一刻千金”来形容时间的宝贵。

除了“刻”以外，古代的计时单位还有“时”。古代的时不是现在的小时，而是时辰。人们将一天分为十二个时辰，一个时辰相当于现在的两个小时。人们又将一个时辰分作八刻，每刻相当于现在的十五分钟。小说中有“午时三刻开铡（zhá）问斩”之说，指的就是在午时三刻（差十五分钟到十二点）时开刀问斩，因为古人认为此时阳气最盛，会让那些罪大恶极的犯人的阴魂无处藏身。

日晷和滴漏是国家的计时工具，大多数人是接触不到的。古人要想知道具体时间，需要听钟鼓楼的撞钟和击鼓报时。古时城镇多设钟鼓楼，早晨撞钟报时，晚上击鼓报时，所以有“暮鼓晨钟”之说。到了晚间，人们靠更（gēng）夫打更（gēng）报时知道时间。打更是我国古代的一种夜间报时制度，夜晚专门负责巡夜打更的人被称为更夫，我们经常在电视剧中看到这样的情景：每到一个更天，更夫边走边打梆子或敲锣报时，“咚——咚！咚”，不同的更天，打梆子报时的节奏也会不同，更夫边走嘴里边念叨着“天干物燥，小心火烛”。古时候把一夜分为五更（gēng）。一更天相当于现代的晚上7点到9点，二更天是9点到11点，午夜11点到1点为三更天，“三更半夜”指的就是这个时间段。凌晨1点到3点为四更天，凌晨3点到5点为五更天。

我国民间还有很多约定俗成的计时方法。在最远古的时候，人们看太阳的位置来估计时间。比如“日上三竿”，意思是太阳升起离地有三根竹竿那样高，形容太阳升得很高，时间不早了。“日薄西山”“日影西斜”是指太阳快落山了。燃香计时也是比较简单而常用的计时方法，武侠小说中高手比武时常以“一炷香”为限，一般约为半个时辰，即一个小时。在民间还有更常用的计时方法，如“一盏茶的工夫”“一顿饭的工夫”“一袋烟的工夫”“鸡已经叫了三遍”等。

这些形形色色的民间计时方法反映了中国人的生活智慧，蕴(yùn)含了丰富的文化气息，但也存在着不够精确的弊端，不求精准但求有用，这也是自唐朝以后，我国科技逐渐落后的原因之一。

词语注释

[1] 淋漓尽致：形容文章或说话表达得非常充分、透彻，或非常痛快。淋漓：形容湿淋淋往下滴，比喻尽情、酣畅；尽致：达到极点。

阅读延伸

1.故宫内的奉先殿目前是一座钟表博物馆。陈列着明清两代皇宫收藏的各式各样的钟表。这些钟表被装饰成日月星辰、车马人物、动物花卉、房屋楼阁等各种形式，精美无比。更可贵的是，钟表上的人物可以表演，小鸟能够歌唱，花朵可以绽放，车马可以行走，动物的眼睛还可以转动呢。皇宫收藏的第一批钟表是意大利人利玛窦进献给万历皇帝的一大一小两座自鸣钟。从那以后，外国使者、中国官员为讨好皇帝，纷纷进献造型各异的钟表。对西洋钟表最为痴迷的当属清朝的乾隆皇帝。他把钟表视为高雅奇巧的艺术品来欣赏把玩，不遗余力地收集各种奇钟异表，并多次下旨让官员不惜重金购买西洋钟表，甚至还在宫中亲自指挥制作。上行下效，在当时掀起了一轮空前的钟表收藏热。

2.写字人钟是故宫馆藏钟表中最有趣的一款。它是英国设计师专门为中国皇帝设计制造的。它的外形为四层楼阁。每一层都有不同的装饰。最值得一提的是在底层有一个能写毛笔字的机械人。机械人是外国人的模样，他单腿跪地，一手扶案，一手握毛笔，要想让这个机械人写字，需要人们提前替他把毛笔蘸（zhàn）好墨汁，再开动开关，写字人便在面前的纸上一笔一画地写下“八方向化，九土来王（wàng）”八个汉字，字迹非常工整。写字的同时，机械人的头还能像模像样的随之摆动呢。

你去过故宫吗？请你描述一下给你留下深刻印象的钟表。

写字人钟（整体）

写字人钟（局部）

寻找古代表示最短时间的词

如果让你用一个词来表示最短的时间，你会说哪个词？一分钟？一秒钟？还是一毫秒？中国古代没有分、秒这样精确的时间概念，那么人们又是用什么词来描述时间的短暂呢？中国的语言文字内涵丰富，包罗万象[1]，表示时间短暂的词语不下二十个，让我们按所表示的时间由长到短的顺序将这些词语罗列出来，看看哪个词表示的时间最短吧。

伟人毛泽东说过："一万年太久，只争朝（zhāo）夕。"白天称为朝，晚上称为夕，朝夕指的就是一天。朝夕在古代被称为"旦夕"，"危在旦夕"形容危险就在当前，时间紧迫。朝夕也可以称为昼夜，《论语》中记载着这样一句话："子在川上曰：逝者如斯夫！不舍昼夜。"指出时间如流水一样，不论白天还是黑夜都在一刻不停地流逝。

宋代苏轼（shì）的《前赤壁赋》中有这样的句子："寄蜉蝣（fú yóu）于天地，渺沧海之一粟（sù）"，蜉蝣是一种很小的昆虫，它"朝生暮死"，寿命还不到一整天。

"昙花一现"是人们耳熟能详的成语。昙花的花朵非常美丽，但是开花时间却只有 3 至 4 个小时，真是够短的。

曹操《短歌行》中有一句："对酒当歌，人生几何！譬如朝露，去日苦多。"早晨的露水经风一吹、日光一晒一会儿就消失了，诗人慨叹人生也如朝露般短暂。

"光阴似箭，日月如梭"也经常被使用。日月如梭中的"梭"是古代织布的用具，两头尖，中间粗，呈枣核形，在织布时人们用梭的一头带着横线，从一根根竖线中来回穿过。光阴似箭说的是时间像箭射出去一样快，也是形容时间迅速流逝。

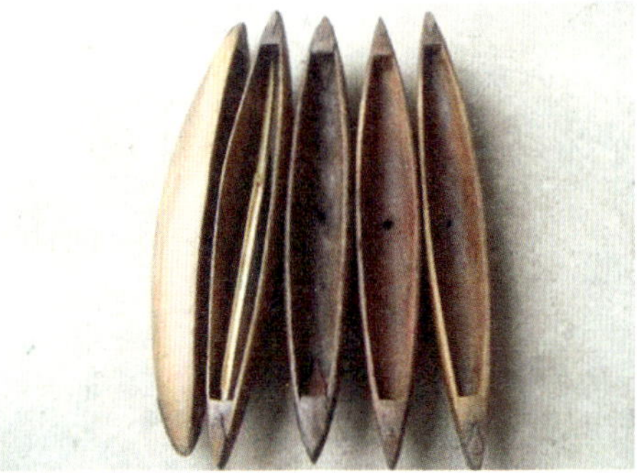
梭子（中间空的地方用来放线轴）

清朝及民国初期普遍使用的木制织布机

《庄子·知北游》中有这样的句子：“人生天地之间，若白驹（jū）之过隙，忽然而已。”白驹过隙的意思是白色骏马在细小的缝隙前一闪而过，形容时间过得极快。

《五灯会元》中有一句：“此事如击石火，似闪电光。”电光火石原为佛家用语。闪电的光、燧（suì）石的火都是一闪而过的，形容时间非常的短暂。类似的词语还有须臾（yú）、刹那、瞬间、一念之间等。这些表示时间的词是从佛教用语中转借的。这些词语中哪个词表示的时间最短呢？根据印度《僧只律》中记载：刹那者为一念，二十念为一瞬，二十瞬为一弹指，二十弹指为一罗预，二十罗预为一须臾，一日一夜为三十须臾。这样算来，一刹那也就是一念的时间是最短的。为善与作恶往往只在一念之间，我们可要把握好自己的念头。

词语注释

[1] 包罗万象：形容内容丰富，应有尽有。包罗：包括；万象：宇宙间的一切景象，指各种事物。

阅读延伸

1. 除了文中提到的词语，还有一些词语也表示时间很短，比如倏（shū）忽、荏苒（rěn rǎn）、俄而、少顷。这样的词语还有哪些，你能说说吗？

2. 文中词语所表示时间的一个比一个短。你所知道的表示时间很长的词语有哪些？我们一起来看看吧。

　　“一日不见如隔三秋”，一天就好像三个秋天那样长，这个时间很长吧？还有更长的呢，“度日如年”，过一天好像过了一年那样长，这够长了吧？还有更长的呢，“水滴石穿”，水能把石头滴穿，这得需要多长的时间啊！还有更长的呢！“千秋万代”，指一千年，一万代，这个时间可真长啊！

3. 以下词语你了解吗？请你按时间上从短到长的顺序给下面的词语排排队吧。

　　三年五载　朔望之间　遗臭万年　海枯石烂　穷年累月

一别西风又一年

“不在梅边在柳边，个中谁识画婵（chán）娟。团圆莫忆春香到，一别西风又一年。”这是《红楼梦》中薛宝琴写的一首灯谜。谜底是扇子，你猜到了吗？纵然现代社会的纳凉方式多种多样，但兼具实用性与观赏性于一身的扇子依然陪伴我们至今。

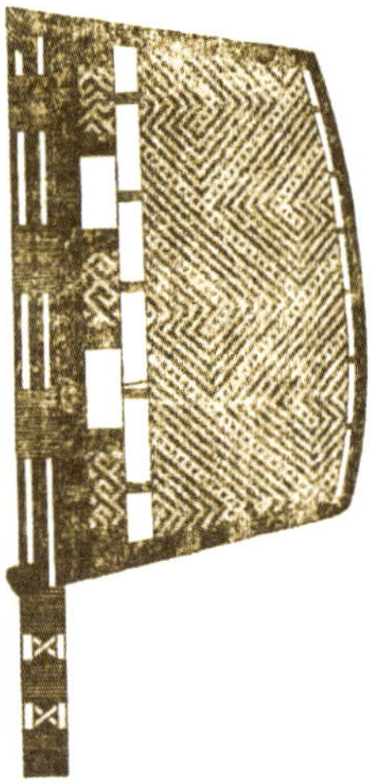

战国时期的
短柄竹编扇

扇子有很多种样式，我们现在比较熟悉的有团扇和折扇，古代的扇子还有其他形状，如战国时期的短柄竹编扇。

“团扇”顾名思义，形状为圆形，如满月。其扇面多以绢、罗、绫、纱等丝织物制成，于是又有“纨（wán）扇”“罗扇”之称。由于这种扇子最初盛行于宫廷，故又称为“宫扇”。团扇在西汉时就已出现，隋唐时期开始盛行并外传日本。团扇经常出现在诗人的笔下，如纳兰性德的《木兰词》中有一句：“人生若只如初见，何事秋风悲画扇。”这里的“扇”指的就是团扇。古代仕女们也喜爱用精美的扇子作为纳（nà）凉、遮面的装饰品，比如杜牧的《秋夕》中有这样一句：“银烛秋光冷画屏，轻罗小扇扑流萤。”这种小扇也是团扇。《红楼梦》里的宝钗扑蝶，用的也是这种团扇。在影视作品中经常能看到女子轻摇团扇的镜头，似乎团扇是女子的专属。其实，古代男子也用团扇。

绘画作品中如宋徽宗赵佶（jí）的《听琴图》中就有男子手执团扇的描绘。

折扇的起源有诸多的说法。有一种说法认为折扇起源于日本。据说日本人是受到蝙蝠双翼的启发而发明了折扇，大约在北宋初期传入我国。明清时期，折扇在我国非常普及。《红楼梦》中，晴雯撕扇作千金一笑，她撕的扇子就是折扇。著名的四大元杂剧之一的《桃花扇》中的扇子也是一把折扇。折扇也是清宫中女人常用的物件。

慈禧太后手中的折扇，拿捏得很有分寸

扇子除了有引风纳凉的作用外，还有诸多用途。

扇子曾作为仪仗之用。从文献记载来看，最早的仪仗扇可以追溯到虞舜（yú shùn）时代，被称为“五明扇”。到了商代出现了一种作为仪仗用的“羽扇”，那是用五光十色的野鸡尾羽做成的，为帝王出行障尘蔽日，更是帝王身份地位的象征。马王堆汉墓就出土了这种长柄扇，长达1.76米。最初这种长柄羽扇是由宫女执掌的，宋代以后这种扇子作为装饰品放在了皇帝宝座后面的架子上。在很多古代绘画作品中也经常能够看到这种长柄扇，如唐代著名画家阎（yán）立本的名画《步辇（niǎn）图》、五代时期画家顾闳（hóng）中的存世

［唐］周昉《挥扇侍女图》（局部，图中戴冠者手持团扇）

名作《韩熙载夜宴图》等画作中都有长柄扇。

扇子能够彰显[1]读书人的儒雅风流，是古代文人雅士手中一年四季的必备之物。在魏晋南北朝时，“麈（chén）尾”“麈尾扇”相继出现。麈是领队的大鹿，当时的读书人以手执麈尾或麈尾扇为时尚，含有“领袖群伦”之意。《三国演义》中足智多谋的诸葛亮，手中常挥一把鹅毛扇，运筹帷幄（wéi wò），决胜千里。苏东坡的词《念奴娇·赤壁怀古》中，有这样的诗句：“遥想公谨当年，小乔初嫁了，雄姿英发，羽扇纶（guān）巾。谈笑间，樯橹（qiáng lǔ）灰飞烟灭。”寥寥数语，鲜明地勾画出了周瑜（yú）的儒将形象。

扇面上可以用来写诗作画。扇面的面积虽然有限，但也给书画家们开辟了一块题诗作画的小天地。民间流传有杨修为曹操“画扇误点

［唐］阎立本《步辇图》（图中侍女手中执长柄扇）

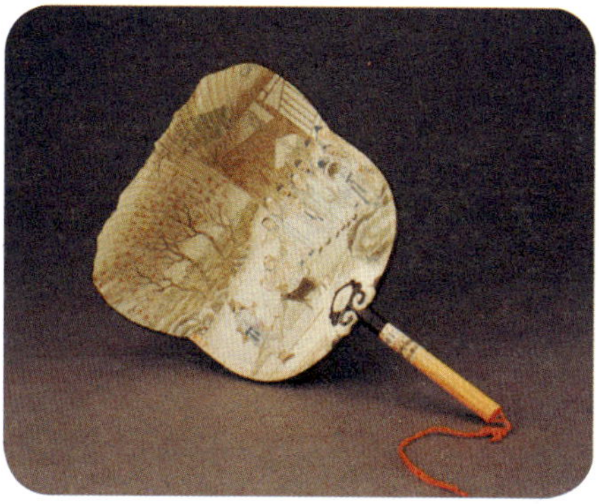
清代绘有人物的象牙柄潮州扇

成蝇”[2]的故事。在扇面上写诗作画，是中国艺术史上的一个独特的现象。明代的沈周、文徵(zhēng)明、唐伯虎、仇(qiú)英，清代的“扬州八怪”和常州著名画家浑南田等，都有扇面书画佳作传世。

在文学作品里，扇子被赋予了神奇的功能。比如武侠小说中的扇子可以用来作兵器，习武之人在铁制扇骨中藏有暗器，用以偷袭。《西游记》中，孙悟空三借芭蕉扇，为的是一行人能通过火焰山，去西天取经。扇子竟能灭火，无怪乎有人戏言，铁扇公主的扇子是世界上最早的灭火器。《济公全传》中的济公有一把破蒲扇，在济公手里，这把蒲扇跟铁扇公主的芭蕉扇一样，能够“点石成金”，有非凡的神力。

扇子可作掩面之用。在古代，女子讲究笑不露齿，在要笑的时候会用长袖遮住口，如果此时手中有一把扇子，自然会用扇子掩面而笑，更增添了一抹妩媚[3](wǔ mèi)。

扇子还可作表演道具。舞蹈离不开扇子，比如东北的扭秧歌、朝鲜族的扇子舞等。戏剧也离不开扇子，比如京剧《贵妃醉酒》中杨贵妃扮演者就要用到折扇。说书的、说相声的人离不开扇子，一把扇子在说书人的手中可作百般物件：拧着是枪，端着是刀，横着是剑，竖着是笔，打开来是书信、圣旨。

特种邮票上手执折扇的杨贵妃

扇子在我国有着悠久的历史，随着时代的发展，扇子与礼仪、风俗、舞蹈、戏曲、书画、刺绣等有机地结合在一起，承载着丰厚的历史文化，在带给人们清凉的同时，也带给了人们美的享受。

词语注释

清醇亲王府的箑亭。箑亭为清醇亲王府原有建筑，形状若扇面。“箑（shà）”字为扇字的古体字。

[1] 彰显：鲜明地显示。

[2] 画扇误点成蝇：书画界的一个故事。三国时，汉桓帝曾赐曹操一柄“九华扇”，十分名贵，曹操请杨修为他画扇。不料杨修一不小心将一滴墨掉到了扇子上，他急中生智，顺势将扇上的墨点勾画成一只欲飞的苍蝇，曹操看后竟误以为真，忙用手去拍打。那只苍蝇却纹丝不动。曹操见后十分疑惑，拿近一看原来是一个墨点。从此，“误点成蝇”的故事便在民间传为佳话。

[3] 妩媚：姿态美好可爱。

阅读延伸

1. “羲之书扇”是一个脍炙人口的故事。故事中的扇子是六角形的竹扇。故事大意是：一日，王羲之见一老妇人在桥上卖扇，一脸愁容，没精打采，原来是没有人买她的扇子。王羲之十分同情她，便在每把竹扇上题了五个字，微笑着说：“老婆婆，现在你每把扇都可以卖到百文钱了。”这时看热闹的人越来越多，大家见大书法家王羲之在扇上题了字，都争相买扇。老妇人的扇子一下子全卖光了。
2. 檀香扇是我国的名扇，你家里有吗，带来给大家介绍一下，让大家一起欣赏欣赏吧。

一夫当关，万夫莫开

“一夫当关，万夫莫开”的意思是，一个人把着关口，上万人也打不进来，形容地势十分险峻。“关”是古代中央政权设置在边境上的门户。“关”常设置在地势十分险要、易守难攻的地方。我国古代著名的关口有“函（hán）谷关”“山海关”“居庸关”“玉门关”“阳关”等。

函谷关始建于西周时期,是中国历史上兴建最早的雄关要塞之一,是古代西去长安，东达洛阳的咽喉要地，因关在谷中，深险如函[1]，故称函谷关。函谷关谷道很窄，仅容一车通行。就是在这里，老子洋洋洒洒[2]地写下了五千字的《道德经》，然后骑青牛出关而去。“鸡鸣狗盗”的故事也是发生在这里。战国时期的孟尝君，为了躲避秦王的迫害，逃到了函谷关下，当时已是半夜，关门已经关闭了。当时的关规是“鸡鸣开关，日落闭关”，可是天还没亮，鸡是不会叫的，在万分紧急的情况下，孟尝君的一名门客[3]灵机一动，学起了鸡叫，引得群鸡齐唱。守关的士兵听到了鸡叫，就把关门打开了，于是孟尝君安全地逃出关去了。在秦国统一六国之前，秦国正是依靠了函谷关的天险，击退了六国的军队。秦末，刘邦先于项羽率兵进入咸阳，并依据函谷关的险要地势，阻挡项羽进关，从这一刻起，二人正式拉开了中国历史上楚汉相争的精彩一幕。

纳兰性德的《长相思》中有这样一句:“山一程,水一程,身向榆(yú)关那畔行，夜深千帐灯。”诗中的榆关就是今天位于河北省秦皇岛市东北的山海关，被称为“天下第一关”。山海关在中国历史上具有重

“天下第一关”匾额

要的影响，“关内”“关外”“闯关东”“关东军”中的“关”，均指山海关而言。吴三桂引清兵入关，攻占了北京城，进入的就是山海关。在山海关的箭楼上悬挂有“天下第一关”的匾额，长 5 米多，宽 1.5 米，每个字都一米有余，字为楷书，笔力苍劲浑厚，堪称古今巨作。

居庸关地处北京的西北，是长城的三大名关之一。居庸关有南北两口，南称南口，北称八达岭。居庸关这个名字在秦代就已经出现了。居庸关地势险要，自古为兵家必争之地。居庸关的两旁，山势雄奇，中间有长达十八公里的溪谷。这里林木繁茂，景色幽美，有“居庸叠翠”之称，被列为“燕京八景”[4]之一。

说起玉门关，人们马上会想到一首脍炙人口的唐诗，那就是王之

燕京八景之一“居庸叠翠”

涣的《凉州词》：“黄河远上白云间，一片孤城万仞山。羌笛何须怨杨柳，春风不度玉门关”。玉门关最初设置于汉武帝时期，位于甘肃

省敦煌市西北。相传西汉时西域和田的美玉要经此关口进入中原，因此而得名“玉门关”。通过玉门关这座关口，中原的丝绸和茶叶等物品源源不断地输向西域各国，而西域的葡萄瓜果等名优特产和宗教文化也传入中原。当时的玉门关，驼铃悠悠，人喊马嘶，商队往来，一派繁荣景象。玉门关自汉武帝时修建以来，于隋唐、五代、宋初数次迁址。王之涣和李白在诗中所指的玉门关，并不是汉代的玉门关，而是隋唐时期已东移后的玉门关，距原来的汉代玉门关有数百公里之遥。玉门关是通向西域的门户，地处广阔的荒漠地带。诗仙李白在《关山月》中这样描写了广阔的边塞风光：“明月出天山，苍茫云海间。长风几万里，吹度玉门关。”关外历来被人们认为是蛮荒之地，与内地迥（jiǒng）异的自然环境，常使戍（shù）守边关的士兵产生浓浓的思乡情绪。在诗人笔下，有很多这样的描写，如李白的《子夜吴歌·秋歌》中这样写道：“长安一片月，万户捣衣声。秋风吹不尽，总是玉关情。”写出了妇人对边关亲人的思念之情。

玉门关遗址

阳关与玉门关一样，也是丝绸之路上的军事重地和交通要塞，位于甘肃省敦煌市西南。阳关在人们心中，总是凄凉与寂寞的，人们会联想到唐代诗人王维的一首诗：“渭城朝雨浥（yì）轻尘，客舍青青柳色新。劝君更尽一杯酒，西出阳关无故人。”这首诗表达出作者对即将远行的友人那种无限关怀、留恋的诚挚情感。《阳关三叠》就是根据这首诗谱写的曲子，是我国十大古琴曲之一。

时光荏苒，昔日的巍峨（wēi é）雄关难抵岁月的侵蚀，很多已化为一抔（póu）黄土，只留存于文字记载中，任凭后人想象。

词语注释

[1] 函：匣，盒子。

[2] 洋洋洒洒：形容文章或谈话丰富明快，连续不断。洋洋：盛大、众多的样子；洒洒：明白、流畅的样子。

[3] 门客：权贵家里豢（huàn）养的帮闲或办事的人。

[4] 燕京八景：早年北京有代表性的八个景观。北京被称为燕京最早可追溯到唐朝的乾元二年。近百年来，“燕京”是北京最常用的一个别称。早在宋、元时期，就已出现了燕京“八景”的记载。八景名称历代有变化。到了乾隆时期，乾隆皇帝亲自更订了名目，御定八景为：太液秋风、琼岛春阴、金台夕照、蓟（jì）门烟树、西山晴雪、玉泉趵突、卢沟晓月、居庸叠翠。

阅读延伸

1. 本文介绍了哪几个雄关？你还知道有哪些关口，给大家介绍一下。

2. 燕京八景你都游览过吗？你去过其中的哪个景点？请你给大家介绍一下。

衣·裳

看了题目，想必有人会问：衣和裳之间为什么要加一个间隔符号呢？这是因为在古时候，衣是衣，裳是裳，衣裳的含义与现在不同，衣指上衣，裳指下裙。据史书记载，黄帝[1]“垂衣裳而天下治”，可见早在黄帝时期，人们就穿上衣和下裳了。

古代的上衣也有长短之分，短上衣叫襦（rú），一般长不过膝，而长上衣叫“深衣”。深衣一直能垂到脚踝（huái），类似于今天的连衣长裙。古人无论男女，最早下身穿的都是一种类似裙子一样的“裳”。古时候也有裤子，称为“绔（kù）”或“袴（kù）”，但这种绔只有两个裤腿，无裤腰也无裤裆（dāng），穿的时候套在小腿上，上端用绳带系在腰上，可是这么穿岂不是要露屁股了？所以古人在绔的外面，往往穿着类似裙子的裳进行遮挡。到了秦汉时期，裤子从只是套在小腿上的绔发展到可套到大腿上的长裤了，可是仍没有裆，像现在小孩穿的开裆裤。直到战国时期，赵武灵王推行“胡服骑射[2]”之后，汉族人才开始穿现在意义上的有裆的长裤。当时为了与开裆的“绔”区分开来，这种有裆的裤多称为“裈（kūn）”。

古时候制作衣裳的材料不像现在这么多。上古时期无棉花，做衣服的材料除皮毛外，只有丝、麻。中国是世界上发现与使用蚕丝最早的国家，人们在四五千年前就已开始养蚕、缫（sāo）丝了。中国的丝织品种类有很多，比如绢、纱、绡、绸、纨（wán）、罗等，可以说中国是丝绸的故乡。中国的丝绸通过著名的丝绸之路传到欧洲。在古罗马，丝绸的价值等同于同等重量的黄金，当地人们以能穿上中国丝绸为荣。自古以来，巧夺天工的丝织品不胜枚举[3]，如南京的云锦，色泽光鲜灿烂，状如天上的云彩，故名"云锦"，专门用于制作皇家服饰。云锦的工艺独特，必须使用老式的提花木机织造，由两个人配合制作完成，一天只能生产 5 ~ 6 厘米。据清朝史料记载，织一件皇帝穿的龙袍就需耗时两年。时至今日，这种工艺仍无法用机器替代。

《云锦》特种邮票

项羽曾说过："富贵不归故乡，如衣锦夜行，谁知之者"。在古代，丝织品是地位与富贵的象征。马王堆汉墓[4]出土的一件素纱禅（dān）衣[5]，是世界上最轻的素纱禅衣和最早的印花织物，仅重 49 克，还不到一两，可谓薄如蝉翼、轻若烟雾。这件精致的丝织品是属于当时贵为丞相夫人的辛追的。纨是一种织造较为细致的绢，用这种细绢做的绔只有有钱人家才能穿得起，因此"纨绔子弟"一词专门指旧时有钱有势人家成天吃喝玩乐、不务正业的年轻人。古代的穷苦百姓是穿不起丝织品的，他们穿的是用麻或毛捻成线编织的粗衣，称为褐（hè），不但重，没有光泽，而且不暖和。《淮南子》中有这样的记载："百姓短褐不完，而宫室衣锦绣。"可见远在汉代，皇家贵族竟然如此奢侈（shē chǐ）[6]，可贫苦百姓却没有一件像样的粗布短衣用于遮体。

中国封建社会等级森严，连服装的颜色也有着严格的规定，这就是"品色衣"制度。"品色衣"制度起始于北周，形成于唐朝，宋、元、

素纱禅衣

明、清朝代沿用时，只在局部做了一些小的调整。以唐代为例，官分九品，三品以上可以穿紫色，四品可以穿深红，五品可以穿浅红，六品可以穿深绿，七品可以穿浅绿，八品可以穿深青，九品可以穿浅青。由此可知，穿紫、穿红的人便是身居高位者，所以当时人便以“红得发紫”“大红大紫”来形容那些官运亨通、仕途畅达的人。而穿青色官服的人，官位低微。唐代诗人白居易的《琵琶行》中“江州司马青衫湿”一句，流露出诗人遭贬后的伤感。

远古时期，人们穿树叶、兽皮制成的衣服是为了遮羞、护体、保暖，那时的人还没有摆脱蒙昧状态。黄帝“垂衣裳而天下治”，奠定了华夏民族以右衽[7]（rèn）交领为特点的衣裳样式，这在以后影响了日本、朝鲜等国。从黄帝那时起，衣裳与礼仪文化紧密地联系在了一起，人们进入了相对文明的时代，服饰制度也随之产生。不同朝代、不同民族对服装有着不同的审美追求，发展至今日，形成了我国多姿多彩的服饰文化。

词语注释

[1] 黄帝：黄帝是华夏上古时代一位著名的部落联盟首领，被尊为中华“人文初祖”。

[2] 胡服骑射：所谓胡服，实际上是西北地区少数民族的服装，它与中原地区宽衣博带式的汉族服装有较大差异，一般为短衣、长裤和革靴，衣身瘦窄。这种服装尤其是有裆的裤子便于人们骑马运动，穿在身上后运动十分灵活方便。中原的赵武灵王看到了这种服装的优势，便在自己国家的军队中大力推广，使赵国军事力量日益强大，成为“战国七雄”之一。

[3] 不胜枚举：不能一个个地列举出来，形容数量很多。胜：尽；枚：个。

[4] 马王堆汉墓：位于湖南省长沙市的马王堆乡，是西汉初期长沙国丞相的家族墓地。其出土文物异常珍贵，为人们研究当时的历史、文化和社会生活等方面提供了极为重要的实物资料，对我国的历史和科学研究均有巨大价值。

[5] 素纱禅衣：禅衣是单衣的意思，用纱料制成，因无颜色，没有衬里，被称为“素纱禅衣”。

[6] 奢侈：挥霍浪费，追求过度的享受。

[7] 右衽：衽，本义衣襟。左前襟掩向右腋系带，将右襟掩覆于内，称右衽。古代中原汉族服装皆为衣襟向右。

阅读延伸

1. 上衣下裳（cháng）是中国最早的服装形制之一。从爱国诗人屈原的诗中可以看出战国时期楚国的服装形制。他在《离骚》中这样写道：“制芰（jì）荷以为衣兮（xī），集芙蓉以为裳（cháng）”。他想把荷叶裁成衣服穿，将洁白的莲花缀成下裙，使自己看上去如莲花般的高洁。
2. 你对我国不同朝代、不同民族的服装有何了解？请你收集相关图片，着重介绍一个朝代或一个民族的服装特点。

有趣的菜名

说到意大利，大家会想到比萨饼；提起日本，会想到寿司；讲到朝鲜，会想到冷面。说起我们中国呢？那美食可真是数不胜数了。中国不愧是美食的王国，一道道的菜呈上来，不仅色香味俱全，让你眼花缭乱、馋涎欲滴，更有意思的是那些千奇百怪的菜名能让你浮想联翩。据说，北京奥运会上给运动员提供的菜肴有麻婆豆腐、醪糟（láo zāo）汤圆、红烧狮子头、羊肉泡馍等，把这些菜名翻译成英语可真难为了翻译人员。

给菜取个名看似简单，实则蕴(yùn)含了人们的聪明才智。有些菜品很普通，但人们给它们起了好听的名字，以唤起吃客们的食欲，比如“地三鲜”这道菜，菜名很好听，实际上只不过是把土豆、茄子、青椒放在一起炒而已。“千层饼”虽然有很多层，但也没有千层那么夸张。“阳春面”听着好听，实际上就是清汤面。金银卷就是白面里加了玉米面做成的黄白相间的花卷。

金银卷

有些菜名是取其形似。比如“蚂蚁上树”，黑色的肉馅嵌在棕色的粉丝之中，乍（zhà）一看去，像是一只只的小蚂蚁趴在树枝上。“糖耳朵”形似耳朵，“糖三角”确实有三个角。蟹粉狮子头的形状圆乎乎的，表面凹凸不平，和石雕狮子的头确有几分相似。“驴打滚”是由糯（nuò）米粉卷上豆沙馅制成的，因外层撒上了一层黄豆面，酷似野驴撒欢打滚时

驴打滚

扬起的阵阵黄土而得名。“猫耳朵馄饨”的外形和猫耳朵有几分相似。“虎皮尖椒”的表面因为被煎得略微焦煳，有斑驳的黑纹，如同老虎皮毛的花纹一样，所以得此美名。“玉兰片”实际上是笋片，由于形状和色泽很像玉兰花的花瓣，故称“玉兰片”。“马蹄”实际上是去了皮的荸荠（bí qi），因为颜色白，形状像马蹄，因而得名。“松鼠鳜（guì）鱼”的鱼身颜色橘黄，造型像松鼠，因而得名。“开口笑”是北京著名的油炸小吃，因其经油炸后周身开裂如咧嘴笑而得名。

松鼠鳜鱼

开口笑

有些菜名含有历史典故，跟历史名人多少有些关系，这样的菜名也能给菜品增色不少，比如“东坡肉”“宋嫂鱼羹（gēng）”“麻婆豆腐”“叫花鸡”“祖庵鱼翅”等。“东坡肉”是以大文豪苏东坡的名字命名的。苏东坡在烹调方面也非常出色，他总结的炖肉经验是，“慢着火、少着水，柴火罨（yǎn）焰烟不起，待它自熟莫催它，火候足时它自美”，直到今天还非常有参考价值。

有些菜名是取其口味。比如“它似蜜”，这道菜一定口味偏甜，香甜似蜜。“甜不辣”这道菜肯定是甜而不辣。“赛螃蟹”的口味一定很不错，能赛过鲜美的螃蟹，这是道什么菜呢？原来过去的穷人吃不起螃蟹，于是想办法把鸡蛋白炒得又香又嫩，再放点醋，吃着跟螃蟹味似的，甚至比螃蟹还美味呢，因此取名“赛螃蟹”。“佛跳墙”意指这道菜闻起来香气扑鼻，佛闻到了香味都要跳墙而过，前来品尝。

东坡肉

有些菜名暗示了做菜的方法，比如“汆（cuān）丸子”“盐焗（jū）鸡”“贴饼子”“熘（liū）肝尖”“白灼芥蓝”“烧二冬”“猪肉炖粉条”“粉蒸肉”“大煮干丝”“糟溜鱼片”“油焖大虾”“葱爆羊肉”“软炸里脊”“煎鸡蛋”“涮羊肉”“油泼面”“虫草酱鸭”“卤鸡爪”“河南烩（huì）面”“炝（qiàng）炒圆白菜”等。这些菜名中都明示了烹调方法，有汆、焗、贴、熘、灼、烧、炖、蒸、煮、糟、焖、爆、炸、煎、涮、泼、酱、卤、烩、炝。中国人的做菜方法真是多样。

有些菜的菜名中包含着地名，菜品具有浓郁的地方口味，一看菜名就知道是哪个地方的特色菜。比如扬州炒饭、北京烤鸭、金陵盐水鸭、云南过桥米线、南京板鸭、东北拉皮、花江狗肉（贵州花江镇）、文昌鸡（海南文昌市）、西湖醋鱼、广味烧腊（广州）、新疆大盘鸡等。

有些菜名非常风雅。比如“二十四桥明月夜”这个名字取自唐诗，这道菜名字很好听，实际上就是蒸豆腐。它是武侠小说《射雕英雄传》中黄蓉的拿手好菜。金庸笔下的黄蓉不但武功高强，厨艺也很了得。她为洪七公做的这道蒸豆腐是先把一只火腿剖开，挖了二十四个圆孔，将豆腐削成廿四个小球分别放入孔内，扎住火腿再蒸，等到蒸熟，火腿的鲜味已全到了豆腐之中，火腿却弃去不食，只吃豆腐，洪七公一尝，自然大为倾倒。俗话说：“保定府，三样宝，铁球面酱春不老”。这“春不老”实际上是芥菜的一种，经过腌制后仍能保持绿、嫩、脆的本色，吃起来别有风味。“珍珠翡翠白玉汤”是我国传统相声名段，这道给明太祖朱元璋喝的汤实际上是剩米饭（珍珠）、白菜叶（翡翠）、豆腐（白玉）放在一起熬成的，味道可想而知，但是因为这位朱皇帝当时正在逃亡的路上，饥寒交迫，所以饥不择食[1]，便觉得这碗汤堪称人间美味。

有些菜名点出了菜品的特色。人们对菜品的要求越来越高，不但要好吃、好看，还要能听个响。比如“平地一声雷”是在刚炸好的锅巴上浇上用虾仁、蘑菇等精心熬制的汤汁，发出“嘶啦”的声音，很能烘托热闹的气氛。“干炸响铃”是杭州名菜，用豆腐皮裹肉馅炸制而成，以色泽黄亮、鲜香味美、咬一口脆如响铃而备受食客欢迎。

还有些菜名是专门为婚宴、寿宴上的菜品设计的，多用四字成语，寓意吉祥喜庆，比如“百年好合”（西芹百合）“珠联璧合”（四喜丸子）“金玉满堂”（松仁玉米）“早生贵子”（红枣花生银耳莲子羹）等。

“民以食为天”，中国人对吃的感情不可谓不深，对吃的研究不可谓不透彻，这从那些千奇百怪的菜名上可以略见一斑[2]。这些菜名反映了中国人的智慧与幽默，也传承着中国的饮食文化。

词语注释

[1] 饥不择食：不管什么都吃。比喻需要急迫，顾不得选择。择：挑拣。

[2] 略见一斑：比喻大致看到一些情况，但不够全面。略：大致；斑：斑点或斑纹。

阅读延伸

1. 文中提到的菜品你吃过哪些，你能形容一下它的味道吗，你知道它是怎么做的吗？
2. 你还知道哪些菜名的来历？请你说一说。
3. 相声名段《报菜名》你听过吗？请你仔细听听，告诉大家你从中听到了多少种菜名？
4.《舌尖上的中国》是中央电视台纪录频道推出的一部高端美食类系列纪录片，它全方位地展示了博大精深的中华美食文化，请你在看后写一篇观后感。

有趣的中国古代家具名

说到中国古代家具，那些珍贵的木料、精美的雕刻、巧夺天工的榫卯[1]（sǔn mǎo）制作工艺就会浮现在眼前，它是中国艺术史上的一朵奇葩（pā）。不但中国的博物馆里珍藏着很多这样的家具艺术品，就连国外的一些著名博物馆也奉之为珍宝。在高端的国际艺术品拍卖会上，常能看到中国古代家具以天价成交，不断地刷新纪录，让人们拍案叫绝。最绝的还有这些家具的名称，翻译起来着实让人为难，比如说“太师椅”“八仙桌”“贵妃榻”（tà）“罗汉床”“气死猫”等。这些有趣的家具名反映了我国劳动人民的生活情趣。它们都是些什么样的家具，让我们一起看看吧。

太师椅

“太师椅”是古代家具中唯一用官职来命名的椅子。“太师椅”兴起于北宋。说到它名字的由来不得不说一下宋代的大奸臣秦桧（huì）。据记载，有一次，时任太师的秦桧坐在椅子上无意中一仰头，帽子掉在了地上。旁边有个名叫吴渊的人看在眼里，认为这是一个绝好的拍马屁的机会，便马上命人制作了一种荷叶托首，安装在秦桧坐的椅圈的靠背上，这样一来，秦桧就可以放心地靠在托首上仰头休息，再不用担心帽子会掉了。这种托首类似于现代汽车靠

《春游晚归图》(局部，仆人肩上扛的正是宋代太师椅)

背椅上的头枕，舒服耐用。太师椅这一名称也就由此流传开来。宋代名画《春游晚归图》中将太师椅描绘得十分清晰。图中一个官员游春归来，鞍前马后簇拥着多名仆从，其中一个仆从肩上扛的就是这种带荷叶托首的太师椅，用以供主人随时随地休息。到了清代，太师椅的式样并无定式，凡形体较大、庄重而华贵的都可称为"太师椅"。

说起"八仙桌"来，和神话传说中的八仙[2]真的扯不上什么关系，那为什么叫"八仙桌"呢？这是因为它的桌面四边长度相等，每边可以坐两人，一共可以围坐八个人。人们认为八仙各个神通广大，而一张桌子周围又正好坐八个人，因此民间把这种能坐八人的大方桌雅称为"八仙桌"，暗示坐在桌边的都是神仙，讨个吉利。古代中国素有"礼仪之邦"的美称，在就座时也有一套礼仪要遵守。就座时，年长者或地位高的人坐上座，男女主人坐下座。总的来讲，座次是"尚左尊东""面朝大门为尊"。

"榻"是中国古代就有的，多指比床窄而小些的四周没有围栏的"长凳（dèng）"。历史上关于榻的故事有很多。最著名的是宋太祖赵匡（kuāng）胤（yìn）的故事。他的一句名言就是："卧榻之侧，岂容他人鼾（hān）睡？"[3]由此可见榻是用来睡觉的。"下榻"这个词至今还在使用，是留客住宿的意思。为什么叫"下榻"呢？这种说法与陈蕃悬榻[4]的典故有关。有一款榻腰身窄而长，距离地面半米左右，周身三面设有围栏，名为"贵妃榻"，是古时供妇女小憩（qì）用的榻。它的面较狭小，可坐可躺，制作精致，形态优美，故名"贵妃榻"。这种榻多见于官府富贵之家，是小姐、夫人的用具，穷苦的百姓家是没有这样的榻的。

"罗汉床"不是普通的床，三面有围子，虽然也可以用以午间小睡，

《维摩图》（局部，维摩居士坐在罗汉床上说法）

但更多的是用来待客。汉朝以前中国人的起居方式是席地而坐，故生活中心必然围绕睡卧之地，待客均在主人睡卧周围。清朝以前，甚至民国初年，国人待客的最高级别一直是在床榻上或炕上。在古代的绘画作品中，常常有以榻或罗汉床为中心待客的场面，如《韩熙载夜宴图》《维摩图》等。罗汉床名称的由来，各家说法不一。有一种说法是罗汉床出自于庙堂，是庙里有身份的方丈、住持才能享有的用具，白天，他们可以在上面打坐，晚上就在上面睡觉。大和尚又被称为“罗汉”，“罗汉床”之名便由此而来。

“万历柜”也叫“气死猫”，是一种落地的大柜子，柜门上有很密的木栅（zhà）栏，可以起到通风的作用，这种家具最早是为厨房

［五代］顾闳中《韩熙载夜宴图》（局部，韩熙载坐在罗汉床上待客）

万历柜（民间叫“气死猫”）

设计的。过去没有冰箱，为了延缓食物变质，就要把食物放在通风处，这样可以防止食物变坏、变质。但是为什么叫“气死猫”呢？因为猫从柜子外面看见了里面的食物，想吃又吃不着，只能在外面急得直打转，因此叫“气死猫”。古代人是多么幽默啊！

词语注释

[1] 榫卯：是在两个木构件上所采用的一种凹凸结合的连接方式。凸出部分叫榫（或榫头）；凹进部分叫卯（或榫眼、榫槽）。这是我国古代建筑、家具及其他木制器具的主要结构方式。

[2] 八仙：古代传说中的人物，指铁拐李、汉钟离、张果老、何仙姑、蓝采和、吕洞宾、韩湘子、曹国舅八位仙人。

[3] 卧榻之侧，岂容他人鼾睡：意思是自己的床铺边，怎么能让别人呼呼睡大觉。比喻自己的势力范围或利益不容许别人侵占。

[4] 陈蕃悬榻：东汉时期，陈蕃担任豫章太守，他很清高，不喜欢留造访的客人过夜，唯独对名士徐稚除外。他在住处还特为徐稚准备了一张榻，平时将榻吊起来靠在墙上，徐稚来时放下就可以用，可见他对徐稚的赏识。

阅读延伸

1. 为什么说中国古代家具的榫卯制作工艺是巧夺天工的呢？
2. 你还知道哪些古代家具？请你介绍一下吧。

又爱又恨的“闲”

人们对“闲”有种说不清、道不明的感情，可以说是又爱又恨。

有谁不喜欢清闲呢？毕竟像《红楼梦》中绰（chuò）号为“无事忙”的贾宝玉式的人物很少见。现在人们的生活节奏快了，一有了闲工夫，人们都会变着花样地消闲。比如，在家看看闲书，养养花鸟鱼虫，练练毛笔字。在炎热的夏季，如果有闲情逸致的话，还可以去避暑胜地旅游。还有的人，觉得轻松一时不够过瘾，甚至辞去工作，四处游历，过一种闲云野鹤般的生活，好不优哉（zāi）游哉[1]，怪不得连孔子也说：“吾与点也[2]。”

古人的休闲方式也很多，但那是有钱、有权的人才能享受的。李绅的《悯农》中有一句“四海无闲田，农夫犹饿死”，可见，对于广大的劳动人民来说，就算到了农闲时节，也要种菜养鸡、纺纱织布，挣钱养家糊口。他们的生活如此艰辛，一年到头哪还有闲下来的时候。

古代的读书人为了考取功名，更是不敢轻松片刻。“三更灯火五更鸡，正是男儿读书时”，熬得住十年寒窗苦读，一旦金榜题名，那就是“朝为田舍郎，暮登天子堂。”功名富贵随之而来，要想闲暇也就指日可待[3]了。

闲也不是什么坏事，闲也能闲出个名堂。被后世誉为“东方莎士比亚”的清代的李渔，他的著作《闲情偶寄》堪称古代生活艺术大全。要是没有古代文人的闲，就没有流传至今的优秀文艺作品。古代文人最常见的消闲方式就是相邀三五好友，踏青赏花，吟诗作画，把酒言欢，消磨时光。在这个过程中，他们创作了大量的诗歌、音乐、书法、绘画、雕塑等艺术作品，成为我国传统文化中不可或缺的一部分。如果没有文人墨客的曲水流觞（shāng）[4]，就不会有王羲（xī）之的天下第一行书《兰亭集序》；如果没有宋徽宗的不恋朝政恋书画，就不会有“瘦金体”的书法独创；如果没有唐玄宗晚年寄情音乐，就不会有著名的《霓裳（ní cháng）羽衣舞》；如果没有诗人闲适的心情，就不会有“人闲桂花落，夜静春山空”“闲敲棋子落灯花”“闲来写就青山卖”“闲看中庭栀（zhī）子花”“一种相思，两处闲愁”等流传千古的名句。

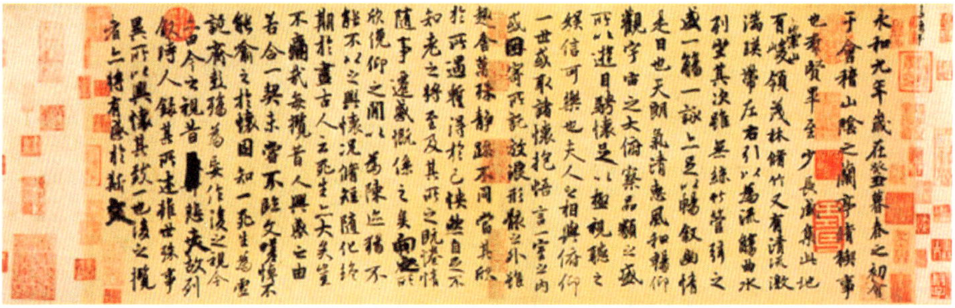

［东晋］王羲之《兰亭集序》

说了这么多“闲”的“好话”，也该说说“闲”的“坏话”了。没有职业在家闲着被称为“赋（fù）闲”。“游手好闲”形容人无所事事。“忙里偷闲”“偷得浮生半日闲”把闲说成是偷来的，一点也不光明正大，好像见不得人似的。一看见门上挂有“闲人免进”的牌子，就要赶紧走开。“莫等闲，白了少年头，空悲切”，不知道这句话要被教书先生说多少遍。“忧劳可以兴国，逸豫可以亡身”是宋代大文学家欧阳修告诫世人的话。孔子发现自己的学生宰予偷懒，大白天睡觉，恨得牙根痒痒，劈头盖脸的数落他：“朽木不可雕也，粪土之墙不可圬（wū）也。”宰予只不过睡个午觉，孔老夫子就把他说成像腐朽的木头、粪土垒的墙壁那般不可救药，看来真是被气得够呛（qiàng）呢。南宋有个爱斗蟋蟀的宰相，名叫贾似道，这位“蟋蟀宰相”给自己的屋子起名为半闲堂。当时宋朝江山正摇摇欲坠，边境告急，贾似道却能以“半闲”自处，这不是找骂吗？后来他果然落了个声名狼藉的下场。“白头宫女在，闲坐说玄宗”，也不能怪人家宫女背后说皇上闲话，毕竟在宫中头发都熬白了，自然难免有怨言，字里行间还透着凄凉。“闲来无事，不免……”这话在过去的戏曲小说中很常见，是一句套话，但接下来要说的多半没有好事，看来“闲”也是会惹是生非的。

宋徽宗赵佶《秾（nóng）芳诗帖》（局部字为瘦金体）

说了这么多，闲到底是好是坏呢？就要看你怎么对待它了。

词语注释

[1] 优哉游哉：指生活悠闲自在。优、游：悠闲的样子。

[2] 吾与点也：《论语》中记载，有一次，孔子与子路、曾点、冉有、公西华这四个弟子谈论志向。每个弟子都各抒己见，孔子唯独赞赏曾点的志向。我们来一起读一读曾点的志向吧。“暮春者，春服既成，冠者五六人，童子六七人，浴乎沂（yí），风乎舞雩（yú），咏而归。”这句古文的意思是：“暮春三月，我穿上适合春天穿的衣服，约上五六位朋友，带上六七个小孩，到沂水边游泳洗澡，登上雩坛迎风起舞，一路唱着歌回家。”这么悠闲的沉浸于大自然的怀抱中，怪不得孔夫子喟（kuì）然叹曰：“吾与点也。”

[3] 指日可待：为期不远，不久就可以实现。指日：可以指出日期；待：期待。

[4] 曲水流觞：会（kuài）稽（jī）山水清幽、风景秀丽。东晋时期，永和九年农历三月三日上巳（sì）节这一天，王羲之等四十多位文人，在会稽山阴的兰亭，举行风雅集会。他们在兰亭清溪两旁席地而坐，将盛了酒的觞（一种酒杯）放在溪中，由上游顺水漂流而下，经过弯弯曲曲的溪流，觞漂到谁的面前打转或停下，谁就得喝了这杯酒，并即兴赋诗。

聚会结束后，大家把诗汇集起来，由王羲之写一篇序文，记录这次集会，于是，王羲之乘着酒兴，当场写下了被后人誉为“天下第一行书”的《兰亭集序》。

阅读延伸

1. 请你把本文中带有“闲”字的词语或句子找出来，写一写。

词语：________ ________ ________ ________

句子：

①____。

②____。

③____。

2. “闲”字的巧对

清朝的梁章钜在《巧对补录》中记载了这样一个有趣的对联故事，说的是清朝有个名叫史望之的人，小时候非常聪慧。他九岁参加县试时，县令考他对对子，给他出的上联是“閒看门中月”。“閒”是“闲”的繁体字。这是一副拆字联，把“閒”字拆成“门”和“月”。史望之随口对出了下联：思耕心上田。也使用了拆字的方法，把“思”字拆成了“田”和“心”，“田”正好在“心”上。句意上也和上联相对，可谓是巧对。

鱼，我所欲也

鱼的甲骨文写法是，看上去就是一条鱼的样子。上面是头，下面是尾，身上有鳍(qí)。自古以来，鱼就和人们的生活密不可分。

鱼是人们的盘中美味。鱼的味道非常鲜美，单从鲜这个字的构成上就可以看出。俗话说：“无鱼不成席”，自古至今鱼就是席面上的上等美食。鱼做成的美味菜肴如西湖醋鱼、糟溜鱼片、清蒸鲥(shí)鱼、松鼠鳜鱼等深受人们的欢迎。

在古代，人们普遍认为鲈鱼和鲥鱼为鱼中佳品。“江上往来人，但爱鲈鱼美。君看一叶舟，出没风波里”反映了人们对美味的追求。“休说鲈鱼堪脍（kuài），尽西风、季鹰归未”，说的是西晋时的张季鹰，在洛阳为官，见秋风起，想到家乡苏州味美的鲈鱼脍[1]，竟然弃官回乡，以便于随时品尝美味。可见鲈鱼的吸引力有多大。早在汉代，鲥鱼就已成为美味佳肴。到了明清两代，美味的鲥鱼成为了贡品，进入了皇宫。鲥鱼的保鲜难度比荔枝还大，为保其鲜，要快船加快马地从江南连夜送到京城，一路上还要不断更换冰块。这一举动劳民伤财，于是康熙皇帝一纸令下：“永免进贡”。小小的鲥鱼竟然出现在了皇帝的圣旨上，可见其影响力之大。除了鲈鱼、鲥鱼外，河豚、鳜鱼、武昌鱼也都是人们盘中的美味，诗人自然少不了赞美它们，比如“蒌蒿满地芦芽短，正是河豚欲上时”“西塞山前白鹭飞，桃花流水鳜鱼肥”“才饮长沙水，又食武昌鱼”等。

李白有诗云：“古来圣贤皆寂寞，惟有饮者留其名。”除了饮者，钓者也有青史留名的。相对于渔夫打鱼的艰辛来说，钓者更多了份悠闲与清高，无怪乎文人退隐后所热衷的“渔、樵、耕、读”这四件事中，“渔”要排在第一位呢。周文王时期的姜子牙在渭（wèi）水边的垂钓可以说是相当的有用意了。相传他只用直钩钓鱼，还不用鱼饵（ěr）。这哪里能钓到鱼啊？有句歇后语：姜太公钓鱼——愿者上钩，其实他不是为了钓鱼，而是用这一诡（guǐ）异的行为钓仁君“上钩”。果然被闻讯前来的周文王重用，辅佐了周武王伐纣灭商，成就了一番事业。还有一个钓者，被范仲淹赞为“云山苍苍，江水泱（yāng）泱。先生之风，山高水长”的就是东汉著名隐士严子陵。他不慕权贵，退隐在富春江畔钓鱼，他钓鱼的地方被称为子陵台，成为古往今来人们凭吊的地方。

鱼是中国民俗里的一个重要题材。“鱼”和“余”谐音，在中国传统的民俗中，很多地方讲究年夜饭的餐桌上必有一道菜是鱼，并且这道菜要留着不吃或是不能吃完，以表示年年有鱼（余）。鱼的造型还出现在彩灯上，在旧时的元宵节，人们有舞鱼灯的习俗，寓意着吉祥。“风箫声动，玉壶光转，一夜鱼龙舞”描写的就是元宵节人们舞鱼灯、龙灯的热闹场景。大红鲤鱼是年画中的主角，和莲花在一起，表示连（莲）年有余。中国自古还有“鲤鱼跳龙门”之说，比喻某人飞黄腾达、官运亨通。过年时，走街串巷有吆喝卖小金鱼儿的，人们在窗户上贴上鱼形图案的窗花，桌上养一缸锦鳞闪闪的小鱼，鱼给人

杨柳青木板年画《连年有余》

民间剪纸《连年有余》

们增添了不少喜庆的年味儿。

鱼出现在很多文学作品里，历史上著名的“濠（háo）梁之辩”就和鱼有关。“子非鱼，安知鱼之乐”是战国时期的庄子与惠子之间的一段著名辩论。在很多名言警句、成语中也不乏鱼的身影，比如“泉涸，鱼相与处于陆，相呴（xǔ）以湿，相濡以沫，不如相忘于江湖”“临渊羡鱼，不如退而结网”“授人以鱼不如授人以渔”“三天打鱼两天晒网”“竭泽而渔”“缘木求鱼”“得鱼忘筌（quán）”等。

人们以鱼形作为艺术装饰图案，历史相当久远。在新石器时代人

北京颐和园里谐趣园内的知鱼桥

们就用鱼纹来装饰陶器，比如西安半坡遗址就出土有人面鱼盆。古代传说大雁和鱼均可传递书信。古乐府诗中有“客从远方来，遗我双鲤鱼”之语。在纸张未发明时，书信多写在白色丝绢上，为在传递过程中不致损毁，古人常把书信夹在两片平整的竹木简中，通常把简刻成鱼形。因此，“鱼书”便成为古代书信的代称。古时人们认为鱼昼夜常醒不眠，因此在唐代，人们将镀金铜钥匙铸成鱼形，叫作“鱼钥”，

有防盗的寓意在里面。僧人在诵经时敲击木鱼，目的也是警示众人不可昏沉懒惰，要像鱼一样时刻清醒，昼夜用功。

荷塘中的锦鲤

［明］缪（miào）辅《鱼藻图》

在长期的历史发展中，人类吃鱼、养鱼、赏鱼、画鱼、赞鱼，赋予鱼以丰厚的文化内涵，若鱼与熊掌不可兼得的话，则"鱼，我所欲也"。

词语注释

[1] 鱼脍：即生鱼片。从文中我们知道张季鹰爱吃鲈鱼脍。什么是脍呢？春秋时期的孔子主张"食不厌精，脍不厌细"，脍是切得极细的肉丝。我国在周朝就有了鱼脍（生鱼片）。现在被誉为日本名菜的生鱼片，实际上是发源于我国的。南北朝时期的"金齑（jī）玉脍"可以算是中国古代最有名的一道生鱼片菜肴，相传隋炀（yáng）帝就非常爱吃这道菜。

阅读延伸

1. 请你读一读《庄子·秋水》中的《濠梁之辩》这段文章，你认为谁说的有道理呢，为什么？

庄子和朋友惠施在濠水上的一座桥上散步。庄子看着水里的鯈（shū）鱼说："鯈鱼在水里悠然自得，这是鱼的快乐啊。"惠子说："你不是鱼，怎么知道鱼的快乐呢？” 庄子说：“你不是我，怎么知道我不知道鱼的快乐呢？” 惠子说：“我不是你，固然不知道你；你不是鱼，当然也没法儿知道鱼是不是快乐。”庄子说：“请回到我们开头的对话。你问我‘你怎么可能知道鱼是快乐的呢’这句话，这就表明你已经肯定了我知道鱼的快乐这件事了。”

2. 含有“鱼”字的成语有很多，如鱼目混珠、如鱼得水、漏网之鱼、沉鱼落雁、鱼贯而入等，你还能补充一些吗？

云想衣裳花想容

云想衣裳花想容，爱美之心人皆有之，往大街上看看就一目了然了。服装店、美容院、理发店鳞次栉比，女孩子们趋之若鹜（wù）[1]，梦想着自己有朝一日也能和古代的四大美女一样，有沉鱼落雁之容、闭月羞花之貌。说起古人的爱美之心来，一点儿也不比现代人逊（xùn）色[2]。古人从头到脚，无不注意修饰打扮。

在以蓄发为习俗的古代，头发的美丽与否非常重要。传说汉武帝第一次见到卫子夫时，就被她的一头秀发吸引住了。卫子夫日后受宠，当上了皇后，不得不说与秀发也有些关系。陈后主的宠妃张丽华也是以秀发出名的，陈后主亲自创作的《玉树后庭花》中就有很多赞美她的诗句。如果头发天生就长得不好怎么办呢？不要紧，还可以使用假发。假发早期是有地位的女性的饰物，用来加在原有的头发上，令头发更浓密，这样就可以做出更为复杂漂亮的发髻。春秋时期假发盛行，据《左传》记载，卫庄公在城墙上看到己氏的妻子头发很漂亮，就蛮横的命人把她抓来，剃掉了她的头发，制成假发给自己的夫人吕姜作为装饰。假发很珍贵，并非人人买得起，因而有些穷人会把自己的头发卖掉来换钱或换粮食，例如陶侃（kǎn）的母亲因为家贫，生怕怠慢[3]了前来探访的儿子的朋友，就剪下自己的头发卖给做假发的人，换得数斛（hú）米，再把屋子的柱子砍了做柴火，招待儿子的朋友，这就是“陶母剪发待宾”的故事。

眉目可以传情，眉毛的美丽与否也是备受古人关注的。在古代诗词中，多以“远山含黛”“蛾眉淡扫”等美好的词语来描写女子的双眉。《红楼梦》中的头号美女林黛玉就长有“两弯似蹙（cù）非蹙笼烟眉”，因而贾宝玉戏称她为“颦（pín）颦”。画眉，自古以来就是我国女子的一种传统美容术。画眉的传统始于战国时期，自秦至今已有两千多年的历史了。流传的故事中就有著名的“张敞画眉”。盛唐时期，流行把眉毛画得阔而短，形如桂叶或蛾翅，被称为“蛾眉”，如李白的诗中就有“美人卷珠帘，深坐颦蛾眉”的诗句。唐朝周昉（fǎng）的《簪（zān）花仕女图》里的女子眉形就是蛾眉。除了可以画成蛾眉外，眉毛还可以画成“细眉”。例如《长恨歌》中的诗句：“芙蓉如面柳如眉”。据记载，在唐代，光是眉毛就有不下十种的画法，可见古人爱美之心的浓厚。

颐和园长廊彩画故事“张敞画眉”

古代女子还流行在脸上贴花黄。在《木兰词》中就有 “当窗理云鬓（bìn），对镜贴花黄”的记载。花黄是用彩色光纸、绸罗、云母片、蝉翼乃至蜻蜓翅等为原料，染成金黄、霁（jì）红或翠绿等色，剪作花、鸟、鱼等形，粘贴于额头、酒靥（yè）、嘴角、鬓边等处。这种化妆方式起自秦代，至南北朝隋唐时开始盛行。从唐朝张萱的《捣练图》中就能看到妇女额头上贴的花黄。

为了能够“亭亭玉立”，女性们非常钟情于高跟鞋。其实在古代就有高跟鞋了。早在2200多年前，周朝女性所穿的礼履（lǚ）就是

[唐]周昉《簪花仕女图》(局部，画中女子的眉形被称为蛾眉)

[唐]张萱《捣练图》(局部，画中女子额上贴有花黄)

圆头高底的鞋子。唐朝的长孙皇后的鞋子“底向上三寸许”。三寸是多高呢？唐代的一寸相当于现在的三厘米左右，这么看来她的鞋跟将近十厘米！清朝时满族高底鞋的木底高跟一般高度为五至十厘米，最高可达二十五厘米！由于鞋子底部厚而且面积小，穿鞋的人走路必须慢且稳，因而能够显出女子的婀娜(ē nuó)身姿。这种高跟鞋多被十三四岁以上的贵族年轻女子喜好。不过也有例外，据说慈禧太后因为个头矮，即使上了岁数也仍旧喜欢穿底高近十厘米的鞋。

美不是女子的专利，男子也有追求美的权利。俗话说：“一白遮百丑”，中国人在对美的定义中，“白”是始终如一的，男子也不例外。以脸白闻名的当属三国曹魏时的何晏了，他不仅长得漂亮，而且很白，甚至被怀疑是像女子一样往脸上敷(fū)了

满族的“花盆底”鞋

粉，常常被人戏称为“傅粉何郎”。好奇心强的魏明帝特意在一个大热天把他找来，赏赐他热汤饼吃。不一会儿，何晏就大汗淋漓，不停地用衣袖擦汗，脸色白里透红更显得好看了，魏明帝这才相信他没有敷粉。在古代，漂亮的胡须也是男子一种美的体现。说起“美髯（rán）公”三字，很多人都会想起《三国演义》中的关羽，书中描写他：“身长九尺，髯长二尺”，关羽对自己的胡子也是呵护备至，“冬月多以皂纱囊裹之，恐其断也”。

人们对美的追求是无止境的，为了美，宁可吃苦受罪的例子比比皆是。有时甚至到了一种病态的程度，东施效颦的故事反映的就是这种情况。在故事中，西子捧心是因为生病，却被东施视为美，也学着皱眉捧心的样子，结果不但不美，反而更加丑态百出。古代女子以脚小为美，为了追求“三寸金莲”的美感，做父母的不惜把女孩子的脚用长布条紧紧缠住，使脚因畸形而变小，以为美观，却对女孩子的身心造成了伤害，缠足的风俗在明末至清朝时期尤其流行。在对美的追求中，男子也有深受其苦的。“楚王爱细腰，宫人多饿死”，楚灵王喜欢腰身纤细的人，楚国的士大夫们为了腰细，以讨得楚王欢心，大家都拼命节食减肥，饿得头昏眼花，站都站不起来。

对外在美的过度追求往往会适得其反，我们不如从内在美着手追求，善良的心灵、丰富的学识、高尚的道德、深厚的内涵是岁月抹不去的美丽。

词语注释

[1] 趋之若鹜：像鸭子一样成群跑过去。比喻很多人　争着赶去。趋：快走；鹜：野鸭。

[2] 逊色：比不上；差。

[3] 怠慢：招待不周。

阅读延伸

1.《邹忌讽齐王纳谏》是《战国策》中的名篇。邹忌将自己与徐公比美的故事讲给齐威王听，向齐威王指出了善于听取正确意见的重要性。邹忌的妻子偏爱他，他的妾畏惧他，他的客人有求于他，所以都说邹忌比徐公美。实际上邹忌比徐公差得远。邹忌是怎么看待这些不正确的意见的呢？请你从原文中找一找吧。

邹忌修八尺有余，而形貌昳（yì）丽。朝服衣冠，窥镜，谓其妻曰："我孰与城北徐公美？"其妻曰："君美甚，徐公何能及君也！"城北徐公，齐国之美丽者也。忌不自信，而复问其妾曰："吾孰与徐公美？"妾曰："徐公何能及君也！"旦日，客从外来，与坐谈，问之客曰："吾与徐公孰美？"客曰："徐公不若君之美也！"明日，徐公来。孰视之，自以为不如；窥镜而自视，又弗（fú）如远甚。暮寝而思之，曰："吾妻之美我者，私我也；妾之美我者，畏我也；客之美我者，欲有求于我也。"

中国的“大”

我国幅员辽阔，有世界上含沙量最大的河流——黄河，有世界上最壮观的黄土地貌——黄土高原。我国地大物博，物产丰富，有憨态可掬[1]的大熊猫，有俗称“娃娃鱼”的大鲵（ní）。我国有五千年文明历史，有“四大名著”“四大发明”等。这些“大”都是我们熟知的，我国还有一些“大”，是鲜为人知的，让我们一起看看吧。

古城西安曾经耸立过一座堪称世界上规模最大的宫殿群，它的面积相当于三个凡尔赛宫、四个紫禁城、十三个卢浮宫、五百个足球场那么大。它就是大唐的皇宫——大明宫。王维的诗句“九天阊阖（chāng hé）开宫殿，万国衣冠拜冕旒（miǎn liú）”描绘了大明宫的盛景。自唐高宗开始，大明宫成为国家的统治中心，历时达二百余年，但最终毁于战火，留下了千古的遗憾。

邮票上的大雁塔

唐僧西天取经的故事想必大家都听说过。《西游记》中唐僧的原型是唐朝时的玄奘（zàng）法师，也称三藏法师。他用十七年的时间，游历了五十六国，历尽千辛万苦，从印度及中亚地区带回了丰富的梵文佛典。为收藏从印度带回的这些珍贵的佛典，皇帝下令修建了大雁塔。大雁塔所在的大慈恩寺也是玄奘法师专门从事翻译佛经的地方。大雁塔在唐代就是著名的游览胜地。在唐中宗时期，雁塔题名[2]就已形成风俗。当年年轻的白居易考中了进士，欣喜之下在此写下了“慈恩塔下题名处，十七人中最少年”的著名诗句。现在的大雁塔被视为古都西安的象征。

爱旅游的同学也许会注意到，在某些旧宅上会写有“大夫第”的字样。“大夫第”就是士大夫的门第，是文职官员的私家住宅，如同“进士第”“翰林第”一样，是一种身份的标榜。在以读书考取功名为最高荣耀的古代社会，家中如果出了一个在朝为官的士大夫，那可是光宗耀祖的一件大喜事，自然要在住宅最显眼的位置，大书“大夫第”三个字了。

享有“中国第一大夫第”美称的卢宅

去过乐山的同学们一定见过乐山大佛吧？它是世界上最大的石刻弥勒佛坐像，距今已有一千多年的历史了。乐山大佛头与山齐，足踏大江，双手抚膝，造型非常庄严，历时90年才建造完工。如此大的一尊佛像，被近代诗人誉为“山是一尊佛，佛是一座山”。大佛通高 71 米，脚面可围坐百人以上。乐山大佛是一尊弥勒佛，唐代崇拜弥勒佛，认为弥勒佛能使天下太平，因此在建造乐山大佛时选择了弥勒佛的形象。

说起大钟寺大家一定不陌生，就在北京的北三环边上。因寺内藏有一口明朝的永乐大钟，故名大钟寺。永乐大钟是明成祖朱棣（dì）下令铸造的，通高 6.75 米，外径 3.3 米，重约 46.5 吨，是我国历史上无与伦比的巨钟，在世界上也极为罕见，素有“钟王”之称，距今已有六百多年的历史了。大钟内外皆铸有铭文，字体婉丽典雅，总计二十三万多字。大钟铸造精致，造型奇特，轻击钟声圆润深沉，重击浑厚洪亮，尾音时长竟达两分钟以上，相传方圆五十公里皆闻其音，充分体现了我国古代高超的冶炼和铸造技术。

北京大钟寺里的永乐大钟

中国的“大”不仅体现在有形的建筑、雕塑、铸造上，还表现在无形的人文精神中。“海纳百川，有容乃大”是大唐风范的表现。唐朝时期的中国，是当时世界上最先进、最文明、最发达的国家。唐朝时期的中国，中外交往异常频繁。唐代的长安是一个国际性的大都会，据统计，长安居民中有百分之二是外国人，许多外商在长安的“西市”经营店铺，长期居住。李白的诗句“落花踏尽游何处？笑入胡姬酒肆中”

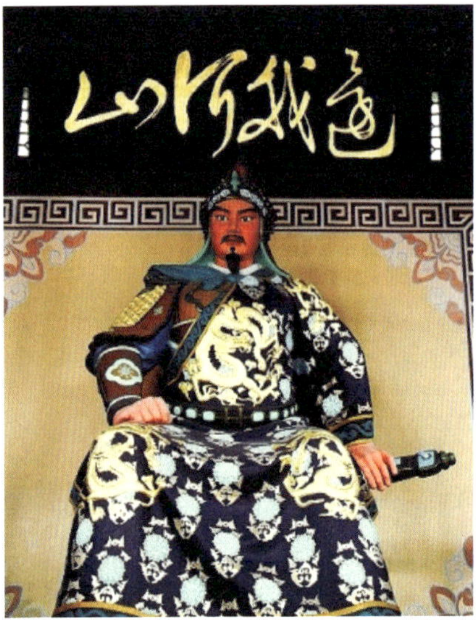

杭州岳王庙中的岳飞塑像

就真实地再现了唐朝市场的繁荣。当时的国子监还接纳了众多外国留学生在中国学习。朝廷中也有相当数量的外国官员。最有名的要数日本人阿倍仲麻吕（中文名是晁衡）和中亚人安禄山了。大唐风范深深地震撼了全世界，如今海外的华侨、华人往往骄傲地称自己是“唐人”，他们聚居的地方称为“唐人街”。

中国人自古就有“大丈夫”情结。这从流传至今的俗语中可见一斑，比如“男子汉大丈夫”“大丈夫一人做事一人当”“大丈夫能屈能伸”“大丈夫拿得起放得下”“大丈夫一言既出驷（sì）马难追”等。这些俗语中的“大丈夫”指的是有志气、有节操、有作为的男子。生男孩的人家都希望自己的孩子长大成人后能成为一个顶天立地的大丈夫。人们对大丈夫赋予了很多美好的品格，比如“修身、齐家、治国、平天下”“富贵不能淫，贫贱不能移，威武不能屈”“穷则独善其身，达则兼济天下”“为天地立心，为生民立命，为往圣继绝学，为万世开太平”“先天下之忧而忧，后天下之乐而乐”等。

中国有着五千年悠久的历史，值得我们自豪的“大”有很多，但我们不应仅沉醉于这些历史，时代呼唤创新精神，我们应努力开拓创新，为中国的“大”增添新的内涵。

词语注释

[1] 憨态可掬：形容顽皮娇痴、单纯幼稚的样子充溢在外。招人喜爱。

[2] 雁塔题名：在唐代，新考中进士的人常常在雁塔内题写自己的名字，渐渐地形成了风俗。

阅读延伸

1. 中国人喜欢用“大”给事物命名。例如，节气中有“大暑”“大寒”，中药中有“大青叶”，鸟类中有“大雁”，石料中有“大理石”，字体中有“大篆（zhuàn）”，国画中有“大写意”，戏曲行当中有“大花脸”，曲艺中有“京韵大鼓”，十大名茶中有“大红袍”，老北京茶摊上有“大碗茶”，蔬菜中有过去北京人冬天的“当家菜”——大白菜。这些名称你都了解吗？请你查阅资料，积累相关的知识。

2. 北京的胡同名中有很多都含有“大”字，例如“大凤翔胡同”“大雅宝胡同”“大齐家胡同”“大拐棒胡同”“大纱帽胡同”“大甜水井胡同”“大鹁（bó）鸽（gē）胡同”“大半截胡同”“大木仓胡同”“大宴乐胡同”“大草场胡同”“大羊宜宾胡同”“大取灯胡同”“大豆腐巷”等。这些胡同名都有着有趣的来历，请你查阅资料了解一下吧。

3. 大刀王五是清末的京师武林名侠，与燕子李三、霍元甲、黄飞鸿等著名武师齐名，与谭嗣同是好友。他积极投身于清末的爱国运动，最终不幸被八国联军枪杀。他的事迹被写入小说，改编为电影和电视剧，被人们广为传诵。

请说一说你所知道的中国的“大”。

中国的咸菜

中国人的早餐桌上最常见的当属咸菜了。咸菜配着粥或是面食一起吃，可以使早餐更可口。咸菜是中国的传统食品，在西方国家很少见，吃惯了中餐的国人到了国外，感慨最多的是“早餐竟然没有咸菜！”

中国的咸菜丰富多样，比如东北的腌桔梗、蒜茄子、辣白菜，北京的水疙瘩、八宝酱菜、麻仁金丝，天津的冬菜，郫（pí）县的豆瓣，涪（fú）陵的榨菜，湖南的酸豇豆，萧山的萝卜干，湘西的酸豆角，锦州的虾油小菜，曲靖的韭菜花等。

古人的餐桌上就有咸菜。古时咸菜称为“齑（jī）”，是将蔬菜切碎了腌制的，其色泽发黄，故称“黄齑”。有学者认为中国咸菜品种之多，制作之精，跟佛教多少有一点关系。佛教徒吃素，又不一定一年四季都能吃到新鲜蔬菜，于是就在咸菜上做文章，尝试腌制出各种美味的咸菜。

腌制咸菜的大缸

“霜降杀百草”，冬天下霜的时候，农民会抢收地里的蔬菜。在没有发明温室大棚种植蔬菜之前，冬天是没有新鲜蔬菜的，尤其是在北方，人们为了吃到菜，家家户户都会在每年霜降的时候，突击腌咸菜。北京腌咸菜用的蔬菜有芥菜、大白菜、雪里蕻（hóng）等，腌制时只能用大粒盐，不能用细盐，因为用大粒盐腌制的蔬菜不易腐烂，且具有一种独特的淡苦味，回味悠长。腌咸菜要用陶土制成的大缸。那时候的北京人还住在四合院中，家家的院子里靠墙根都摆着一溜儿腌菜用的大缸。这是冬天老北京特有的一景。

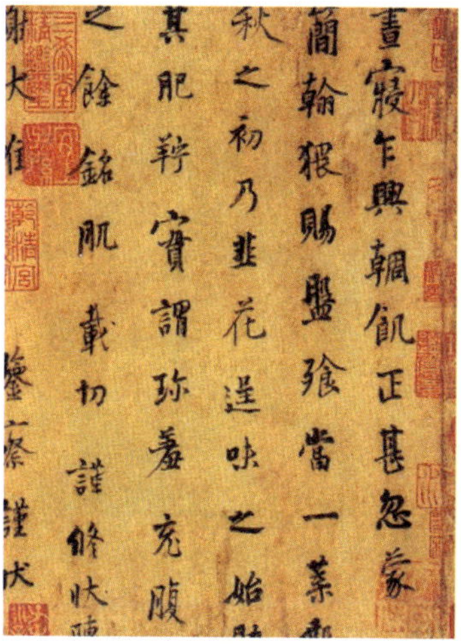
［五代］杨凝式《韭花帖》

腌过的韭菜花味道鲜美，价格便宜，是老百姓餐桌上的一道美食。韭菜花除了作为涮羊肉必不可少的佐料外，单独地当咸菜吃也是可以的。历史上有人因为吃了一盘腌韭花，而成就了一篇绝世之作的事，你相信吗？此人是五代时期的杨凝式。他的行书《韭花帖》与王羲之《兰亭序》、颜真卿《祭侄季明文稿》、苏轼《黄州寒食诗帖》、王珣（xún）《伯远帖》并称为“天下五大行书”。此帖可以说是杨凝式吃腌韭花儿吃出来的。据记载，有一天，杨凝式睡觉醒来后感觉腹中饥饿，多亏有友人馈赠的韭花充饥，酒足饭饱之后，为答谢友人的美意，他笔走龙蛇[1]，信笔写下了一封信。信虽不长，共七行六十三字，但通篇的字气韵生动，神采飞扬，堪称传世佳作。

笼统地说，酱菜也是咸菜的一种，只不过在腌制时需要加入黄豆制成的酱。很多东西都可以做成酱菜，常见的有萝卜、黄瓜、甘露、藕，乃至花生、核桃、杏仁等。各地酱菜口味不同，总体来说，北方的咸菜口味偏咸，南方的咸菜口味偏甜。据《北京志》记载，北京酱腌菜的历史可追溯到南北朝时期。在明代，北京就初步形成了酱腌菜行业，其中著名的有六必居、天源酱园等。

腌咸菜可少不了盐。在我国古代日常调味品中，盐居首位。食盐的历史，大约可以追溯到五千年以前的仰韶时期，那时的人们煮海水为盐，用盐增加食物的美味及腌藏食物。自古以来，人们所食的盐主要有：海盐、池盐（湖盐）、井盐、岩盐（矿盐）。四川由于地处内陆，战国时期的人们在李冰的倡导下开凿了井盐。还有一种盐名叫吴

酱甘露

六必居的旧景

盐，是在江淮一带晒制的散末盐。北宋词人周邦彦的《少年游》中有这样的句子"并刀如水，吴盐胜雪，纤手破新橙"，其中的吴盐指的就是这种盐。吴盐色白而味淡，是盐中的佳品。古人吃水果如杨梅、橙子之类，喜欢佐以吴盐，渍去果酸后味道更可口。

小小的一味咸菜虽难登大雅之堂，但在咸菜的背后有着浓郁的地方特色和家乡风味，食后让人久久不忘，就算走到天涯海角、异国他乡，那一种家乡的味道总是让人魂牵梦绕。

词语注释

[1] 笔走龙蛇：形容书法生动而有气势。

阅读延伸

1. 咸菜虽然好吃，但因含有亚硝酸盐这种致癌物而令许多人望而却步。我们在家里腌制咸菜时，可以加点葱、姜、蒜、醋、辣椒汁、柠檬汁，这些物质都能有效降低亚硝酸盐的含量。此外还要把握好腌制时间。科研人员测定，咸菜在开始腌制的两天内亚硝酸盐的含量并不高，只是在第 4 ~ 8 天亚硝酸盐的含量达到最高峰，第 9 天以后开始下降，20 天后基本消失。所以腌制的咸菜短的一般应在两天之内，长的应在腌制一个月以后才可以食用。
2. 你家里腌过咸菜吗，是怎么腌的咸菜？先做什么，后做什么？请你按顺序写一写。

中国红

苗族蜡染

哪种颜色最能代表中国呢？是古代皇帝专用的黄色？象征君子品格的竹子的绿色？还是青花瓷的青色？苗族蜡染所特有的蓝色？江南白墙黑瓦的黑白色？这些虽然都是人们喜爱的颜色，但最能代表中国的颜色当属红色。那是喜庆热烈的颜色，是自古至今所有中国人都喜爱的颜色。

红色是喜庆与祥和的颜色。红红的中国结象征着吉祥，是赠送给外国友人的上乘之选。庆功会上，先进个人的名单被写在了红色的光荣榜上，分外醒目。领奖台上，劳动模范胸前佩戴着大红花，格外喜庆。庆典仪式上人们剪彩用的绸带，迎接贵宾时铺设的地毯，无一不是红色的。

红色是中国民俗的常见颜色。过年时大街小巷满眼都是红色的装饰，贴红色的窗花、对联、福字，挂红色的灯笼，放的鞭炮也是红色的。人们喜欢穿红色的衣服，过本命年的人们还会在腰间系上一根红腰带。过年时小孩子们最期盼的就是贺岁红包了。红色和喜事是分不开的。办婚礼时，一对新人穿的是红色衣裳，新郎胸前佩戴着红花，新娘头上插着红花头饰，嘴唇涂得红艳艳的。婚礼现场摆着红色的玫瑰，地上铺着红色的地毯，婚车上挂着红色的气球，婚房里燃着红色的蜡烛，墙上贴着大大的红喜字……那是一片红色的海洋。给小孩子办满月时也离不开红色，孩子身上会穿红兜肚，人们会将鸡蛋染红，送给亲朋好友，表示庆贺，图个吉利。

红色是中国女性喜爱的颜色。红颜、红袖都代指女子。“冲冠一怒为红颜”指是吴三桂与陈圆圆之间的故事。“红袖添香伴读书”是每个读书人梦寐以求的场景。

2008年北京奥运会会徽

红色是象征成功的颜色。事业开头顺利叫“开门红”，受到上级赏识的人叫“红人”，出了名的歌星叫“红歌星”，运气非常好叫“走红运”，幸福的生活叫“红火的日子”。红色是北京奥运会会徽颜色的主色调，奥运赛场上中国健儿身穿红色的比赛服，站在领奖台上分外夺目，看着红色的五星红旗在赛场上高高飘扬，全场观众都能感受到中国的红色所带来的震撼。

红色是血的颜色，象征着革命。中国的近代史是一部红色的历史，翻开这部史书，眼前浮动着的是嘉兴南湖上的红色火种，是八一南昌的炮火连天，是井冈山上的星星之火，是爬雪山过草地的赤胆忠心，是抗日儿童团员手中的红缨枪，是将士们手中挥舞的系着红绸的大刀，是无数革命先烈洒下的热血。

红色是象征热情和正义的颜色。京剧脸谱中的红脸象征忠义、耿直、有血性，如：“三国戏”里的关羽就是红脸。在文学作品里，红多在女性的名字中出现。如：《风尘三侠》中的红拂女，《传奇·昆仑奴》中的红绡，《西厢记》里的丫环红娘等，都是侠义的化身。

京剧脸谱彩色金银纪念币
（币上图案为红脸关公）

红色是权利、地位的象征。旧时皇帝的朱批[1]具有无上的权威性。红色代表权威性这种象征意义一直延续到今天，现在人们把政府下达的重要文件称为“红头文件”。上海世博会中国馆的主色调也是红色。从唐朝开始，建筑上使用的颜色已经有了统一规定，体现出等级的差别。皇宫建筑使用红色和黄色为主色调，王府官宦之家可使用红色、蓝色和青色，而普通的民舍则只能使用黑、灰、白等色。杜甫的诗中有这样的名句“朱门酒肉臭，路有冻死骨”形象地点明了红色的权贵象征。紫禁城曾是中国明清两代的权力中心，远观最夺目的是一片红色宫墙，近看最醒目的是红色的大立柱、红色的门窗。

上海世博会的中国馆

中国人爱红色、用红色。红色有很多种，其中一种红是中国所特有的，那就是朱砂的红色。朱砂的颜色红润亮丽，自古至今得到了书画家们的喜爱，被大量使用在中国画的颜料中。中国古代绘画又被称为“丹青”，其中的“丹”指朱红色。在中国传统的建筑中，古时宫殿的台阶多用朱砂涂红，所以称为“丹墀（chí）”和“丹陛”。书画颜料中不可或缺的“八宝印泥”[2]，其主要成分也是朱砂。中国人常用的红色传到西方后，由于其色彩艳丽沉稳，颇受上层人士喜爱，由于其来自中国，故称之为“中国红”。

红色的印泥

词语注释

[1] 朱批：旧时皇帝用毛笔蘸朱砂调成的红墨水在奏折上所作的批语，称为“朱”批。

[2] 八宝印泥：漳州八宝印泥是中外书画家酷爱的珍品，是闻名中外的“漳州三宝”之一，素有“文房五宝”之称。清乾隆时曾供皇家采购使用。它是用麝（shè）香、珍珠、猴枣、玛瑙、珊瑚、金箔、梅片、琥珀八种名贵原料，研磨成粉，加工制成的。

阅读延伸

1. 红色有很多种，你能说出几种呢？
2. 绛（jiàng）、朱、赤、丹都表示红色，请你试着用水粉调出不同的红色吧。
3. 你最喜欢什么颜色？如果让你给首都北京选一种代表色，你会选哪种呢？为什么？

醉里乾坤大，壶中日月长

“醉里乾坤大，壶中日月长”是《水浒传》中快活林大酒店门前的绝妙对联，它将空间与时间都凝聚在小小的一杯酒里。人们在高兴时要喝酒，“白日放歌须纵酒，青春作伴好还乡”“烹羊宰牛且为乐，会须一饮三百杯”。

东汉酿酒画像砖拓片

人们在忧愁时更要喝酒，“何以解忧？唯有杜康”；“抽刀断水水更流，举杯消愁愁更愁”。酒的历史和人类文明的历史一样长。相传早在夏禹时期，仪狄（dí）就发明了酿酒。中国古代酿酒的原料都是粮食，度数很低，类似现在的黄酒、米酒，像武松过景阳冈喝的那十八碗酒就是这种低度酒。若喝的是现在的“二锅头”，别说打虎了，路都走不了。到了南宋以后，才出现类似现在白酒的高度酒。

与酒有关的名人有很多。“天子呼来不上船，自称臣是酒中仙”，对于天子的传唤竟然都不搭理，胆子可真够大的，原来此人是有着酒仙称号的唐代大诗人李白。李白既是诗仙，又是酒仙。他每日必饮，每饮必醉，醉时才思敏捷，妙语连珠[1]。无论是聚众小酌“两人对酌山花开，一杯一杯复一杯”，还是花前独饮“花间一壶酒，独酌无相亲”，都有一种超脱凡俗、狂放不羁之美。“五花马，千金裘，呼儿

[清]苏六朋《太白醉酒图》

将出换美酒”，他不惜一掷千金，只为“与尔同销万古愁”，这种豪迈气概，被称为酒仙当之无愧。《笠翁对韵》中有一句“荷锄沉酣到处埋”说的是魏晋时期“竹林七贤”之一的刘伶。他带着酒壶游山玩水，走到哪儿喝到哪儿，后面还跟着个背着铲子的仆人。他跟仆人说：“我如果在哪儿醉死了，你就用铲子就地挖个坑把我埋了就行了。”真可算是历史上著名的酒鬼。唐代的书法家张旭嗜好喝酒，每饮必醉，散发狂奔，以发为笔，蘸墨书写，手舞足蹈，癫狂至极，是名副其实的“酒颠”。按规矩和尚是不能喝酒的，但《水浒传》中的鲁智深照样的吃酒吃肉，人称“花和尚”。神仙也有爱喝酒的，《八仙过海》中的铁拐李，就随身背着一个酒葫芦。

不仅士大夫饮酒，在古代，妇女也有饮酒的。《贵妃醉酒》是一出著名的京剧剧目，杨贵妃在醉酒之后的仪态万方，被京剧大师梅兰芳扮演得惟妙惟肖，给人留下了深刻的印象。“昨夜雨疏风骤，浓睡不消残酒”是女诗人李清照笔下的名句。《红楼梦》里有一回是“憨湘云醉眠芍药茵”描写了史湘云醉酒后睡在芍药花丛中的娇憨神态。

有了酒就要有菜肴，有歌舞，酒宴也就随之产生了。最华丽的酒宴可以说是《韩熙载夜宴图》中的酒宴了，真是“酒不醉人人自醉”。最轰动的酒宴当是乾隆时期的千叟（sǒu）宴[2]，老人们“开怀畅饮，不醉不归”。最令人开眼的酒宴是《红楼梦》里刘姥姥进大观园时吃的那顿，那道叫做茄鲞（xiǎng）的菜到底是个什么滋味呢？想起来就让人馋涎欲滴。最惊心动魄的酒宴当属《三国演义》中曹操与刘备的那一番青梅煮酒论英雄了。最暗藏杀机的酒宴莫过于鸿门宴了。最富心机的酒宴要数赵匡胤（yìn）的杯酒释兵权了。设酒宴不仅是为了吃喝，更有联系感情、探讨事情等诸多目的。很多平时办不了的事情拿到酒桌上解决，所谓“醉翁之意不在酒”“酒过三巡，菜过五味”之后就要谈正事了。如果要谈的事没有谈妥，那就是“敬酒不吃吃罚酒”了。

古代酒器有很多种，从诗中就可以了解一二。“花间一壶酒，独酌无相亲”中的壶、“青天有月来几时，我今停杯一问之”中的杯、“金樽（zūn）清酒斗十千，玉盘珍羞（xiū，馐）直（值）万钱”中的樽，都是喝酒的用具。成语觥（gōng）筹交错、率尔操觚（gū）、加官晋爵、曲水流觞（shāng）中的觥、觚、爵、觞也是酒器。在这些众多酒器中，有一部分酒器是温酒用的。古人饮酒多是温热了喝。这是因为酒在温热后，口味较为柔和，香气也更浓郁，还有保健作用。“关羽温酒斩华雄”[3]是《三国演义》中的名篇。在《红楼梦》中，也不乏温酒的描写，当宝玉要喝冷酒时，薛宝钗忙劝道：“若冷吃下去，便凝结在内，五脏去暖他，岂不受害？”可见温酒喝是古人的饮酒习惯。

“千里莺啼绿映红，水村山郭酒旗风”，在古时候，酒旗是酒店悬挂于路边用来招揽生意的旗子，可以说是最古老的广告形式。有的酒旗上只写一个“酒”字，起到醒目的作用，比如传世名画《清明上河图》中的诸多酒店，就在酒旗上标有“新酒”“小酒”等字样。有的酒旗上打出的广告语很与众不同，如《水浒传》中，景阳冈的一家小酒店的酒旗上写着“三碗不过冈”，快活林酒店前的酒旗上写着“河阳风月”，这两款酒的广告，却不见一个“酒”字，真是妙极。还有的酒家打着名人效应，写着“太白遗风”等。

酒不是随便喝的，饮酒也有着丰富的文化内涵，何时饮哪种酒也有讲究。比如人们在不同的节令喝不同的酒。“爆竹声中一岁除，春风送暖入屠苏”，人们在元日那一天会喝屠苏酒；端午节后，气候炎热，蝇虫飞动，毒气上升，疾病容易流行，古代人们认为雄黄酒可以杀毒虫、辟邪，因此会在端午节那天喝雄黄酒（现代医学认为雄黄有毒，故不建议饮用）；九月九日是重阳节，人们会喝菊花酒，菊花酒

[北宋]张择端《清明上河图》(局部，图中酒楼悬挂有彩条图案酒旗)

古称“长寿酒”，在古代被看作是重阳必饮的“吉祥酒”；秋天一到，桂花开满枝头，到了清代，中秋节必饮桂花酒。

饮酒的文化还体现在不同时间不同场合喝不同的酒。新郎新娘结婚时喝的酒叫合卺（jǐn）酒，类似现在的交杯酒。在绍兴一带生了女孩子的人家必酿“女儿红”，等着女儿出嫁时开坛宴饮，这一习俗源远流长；生男孩的人家则酿“状元红”，盼望儿子日后高中状元，届时庆贺饮用。小孩满月时要喝满月酒。“劝君更尽一杯酒，西出阳关无故人”，送别友人时要喝饯行酒。故人归来要设酒宴接风洗尘。古代打仗，出征前要喝壮行酒。拜把子认兄弟要喝结义酒。做臣子的哪天惹得皇帝不高兴了，也许会被赐一杯鸩（zhèn）酒（毒酒）。

酒给人们的生活增添了丰富的色彩。酒能催生出人们的豪情、诗情、离情等诸多感情，“酒逢知己千杯少”，似乎离开了酒，人们的情感就不够真挚、热烈似的。酒虽好，但不可贪杯，否则大可误国，比如建造酒池肉林的商纣王，最终亡国；小则酒后失言、伤身。所以我们一定要控制好饮酒的量，让酒为我们的美好生活服务。

词语注释

[1] 妙语连珠：巧妙风趣的话一个接一个。

[2] 千叟宴：叟是古代对老年男子的尊称。千叟宴最早始于康熙年间，盛于乾隆时期，是清宫中规模最大，与宴者最多的盛大御宴，在清代共举办过 4 次。清帝康熙为显示他治国有方，太平盛世，并表示对老人的关怀与尊敬，因此举办“千叟宴”。

[3] 关羽温酒斩华雄：东汉末年，曹操会合袁绍、公孙瓒（zàn）、孙坚等十七路兵马，讨伐董卓，却被对方大将华雄连斩几员大将。正在曹操愁眉不展之际，关羽主动请战，曹操欣赏他的英雄气概，特为他热了一杯“壮胆酒”，关羽却说：“酒且斟下，某去便来。”片刻间，关羽提着华雄头颅归来，举杯饮酒时，酒还是温热的。

阅读延伸

1. 自古至今含有酒的诗句有很多，你喜欢本文中的哪句？请你用自己的话解释一下诗句的涵义。你还知道哪些含有酒的诗句？

2. 文中介绍了几种饮酒器，请你上网查一查图片，认一认以下几种酒器，连一连。

觚

罍

觥

觞

爵

3. 开酒馆的第一位名女人当属卓文君了。卓文君当垆（lú）卖酒的故事广为流传。请你找来读一读，讲给大家听一听。